Exposition de l'Enfance
MAI-JUIN 1901

Conférences

Données au Petit Palais

PUBLIÉES AVEC INTRODUCTION PAR

MARCEL KLEINE

1ʳᵉ SÉRIE

Jacques Bonzon. Jean Philippe. De Cassano. Passez
Gaufrès. Jeanne Leroy
Paul Peltier. Abbé Lafontaine

Prix : **1** fr. **75**

BUREAUX DE L'ENFANT, 14, PLACE DAUPHINE, PARIS (1ᵉʳ).

EN PRÉPARATION :

Le volume complet des Conférences données au Petit Palais, publiées par MARCEL KLEINE; avec préface de M. POUBELLE G. O. ✾, Ancien préfet de la Seine, Ambassadeur, Président de l'Exposition de l'enfance.

Conférences

donnéeṣ au Petit Palaiṣ

Conférences

donnéeS au Petit Palais

Conférences

Données au Petit Palais

PUBLIÉES AVEC INTRODUCTION PAR

MARCEL KLEINE

1re SÉRIE

Jacques Bonzon, Jean Philippe, De Cassano, Passez
Gaufrès, Jeanne Leroy
Paul Peltier, Abbé Lafontaine

Prix : **1 fr. 75**

BUREAUX DE L'ENFANT, 14, PLACE DAUPHINE, PARIS (1er).

INTRODUCTION

———

Un fait important frappe l'esprit de tout homme attentif qui consulte l'histoire de l'humanité: c'est la place importante que l'éducation, et nous entendons par éducation la culture qui permet le développement intégral des facultés de l'enfant, a tenu de tous temps dans la pensée des peuples. Les philosophes en effet, les éducateurs de tous genres, les législateurs surtout ont multiplié leurs efforts dans cet ordre d'idées, et, de nos jours, il est certain que, si l'on en juge par la multiplicité des études qui ont été publiées, cette préoccupation s'est accrue dans des proportions considérables. C'est là, en effet, le second fait que constatera certainement celui qui étudiera plus minutieusement le xixe siècle.

Or, une question se pose à laquelle nous répondrons. D'où vient que l'enfant, cet être si frêle, cette ébauche d'humanité, comme disent quelques-uns, soit un objet de préoccupation si grande pour ceux qui assistent à son développement? La raison, semble-t-il, en est simple et se devine facilement. C'est que, de sa bonne ou mauvaise éducation dépend l'ordre ou l'anarchie, le progrès ou la décadence de la société. L'enfant, en naissant à la vie, est une force qui s'ignore, à qui il faut enseigner son but, son terme; une plaque blanche sur laquelle tout peut être gravé, les bons et les mauvais exemples; or, comme c'est précisément de ces mêmes exemples, que s'inspirera l'enfant, devenu homme, pour régler sa vie et son activité, on comprend donc l'importance qn'il y a que cette éducation soit intrinsèquement supérieure. Leibnitz reconnaissait avec perspicacité, quelle force puissante est l'éducation en général, quand il disait que, pour régénérer une nation, il ne lui fallait que l'éducation d'une ou deux générations.

Nous disions, il y a un instant, que le xixe siècle semblait plus que jamais préoccupé des graves questions que soulève le choix du mode d'éducation modèle. Nous en voyons la preuve évidente, dans le nombre sans cesse croissant des œuvres de pédagogie, de médecine, de psychologie et aussi, dans l'angoisse vis-à-vis de l'âme enfantine que décèle un mouvement bien curieux de la littérature comtemporaine. La cause? c'est que, les évènements militaires de 1870 ont imprimé à notre âme nationale un ébranlement profond; c'est que, après les périodes de luttes et de tiraillements politiques qui ont marqué ces cinquante dernières années; après les cris d'alarme poussés par des hommes éminents qui nous avertissaient que nous roulions à la décadence, nous sommes plus que jamais conscients que c'est de l'éducation que nous donnerons à nos fils, de l'éducation seule, que dépend notre stabilité et notre grandeur. Nous comprenons plus nettement que jamais qu'une éducation forte et saine, pour les jeunes générations, c'est le germe qui revivifie l'organisme d'une

société, la mortaise de fer qui empêche l'écroulement
des édifices sociaux. La phrase fameuse : c'est le
maître d'école qui prépare les victoires, reprend à nos
yeux un nouvel éclat de vérité.

.·.

C'est pourquoi chacun, dans l'ordre d'idées qui lui
convient, travaille et collabore à l'œuvre commune du
salut; à l'éducation nationale. Les romanciers font
ici l'office d'éclaireurs. Ils portent le flambeau de l'analyse vers la région toujours un peu obscure de l'âme
enfantine et aident ainsi les pédagogues, les professeurs, les législateurs, à trouver et codifier le mode
d'éducation le plus rationnel, le mieux adapté. Car il
est bien évident que, plus l'enfant nous sera connu,
mieux nous connaîtrons les lois harmonieuses de son
développement physiologique, l'évolution naturelle de
ses idées, plus nous serons aptes à établir le système
d'éducation qui lui convient.

Forcément, dans la série des travaux individuels,
dans les discussions passionnées qui se sont produites
à cet égard, transformant parfois la question de l'éducation en champ de bataille, on relève bien des contra-
dictions, bien des erreurs, bien des futilités. L'éducation physique, disent les uns, doit avoir la suprématie;
non, répondent les autres, le corps n'est rien, l'âme est
tout. D'aucuns prétendent établir l'éducation morale
sur la simple raison et en dehors de toute conception
religieuse. Nous n'entrerons pas dans ces débats brû-
lants. Mais il nous semble que deux grandes idées
doivent dominer, comme deux étoiles rayonnantes,
tout système d'éducation.

D'abord, qu'est-ce que l'éducation ?

C'est la culture qui provoque le complet épanouissement de l'individu moral, intellectuel et physique, pour son bien propre, et pour le bien du pays dont il est unité, et qui lui permet de donner ses fleurs et ses fruits.

De cette définition jaillissent précisément les deux idées directrices qui doivent dominer, de toute leur hauteur, tout projet, toute forme possible d'éducation ; tout système d'éducation doit avoir en vue le bien propre de l'individu et celui de la Société. Mais on peut dire que ces deux points de vue sont solidaires, et ne peuvent jamais être en contradiction ; c'est pour avoir voulu quelquefois les séparer qu'on est arrivé à de terribles avatars. L'expérience des écoles soi-disant neutres, d'ailleurs, nous a prouvé par l'accroissement de la criminalité, que l'éducation qui ne veut pas tenir compte du bien moral et religieux de l'individu a de funestes résultats dont la société se ressent profondément.

* *

Les conférences que nous publions dans ce volume, soit intégralement, soit à l'état d'analyses, ont été données au Petit Palais où l'Exposition de l'Enfance tînt, pendant deux mois, ses majestueuses assises. Elles ne sont, en somme, qu'une prolongation, un apport nouveau à un mouvement que nous avons signalé et tenté d'expliquer. Nous avons l'espoir qu'elles apportent avec elles leur part de lumière et de progrès. Cette conviction d'avoir ajouté notre modeste pierre à l'érection d'une éducation nationale modèle nous consolera amplement des travaux parfois arides qu'elles nous ont coûtés.

Nous les avons groupées dans l'ordre qui nous a paru le plus logique. L'enfant nous préoccupe dans le présent : pour sa santé, pour son développement physiologique ; dans l'avenir : par le souci qu'il nous crée, de faire de lui un être moral et intelligent ; pour lui-même enfin, par sa grâce, sa poésie, par les sujets d'émotions dramatiques dont il est susceptible de devenir l'objet : d'où conférences médicales, pédagogiques et littéraires.

*
* *

Nous tenons, avant de conclure cette brève introduction à rendre un témoignage de profonde reconnaissance à Mᵉ Rollet qui, en nous confiant la confection de ce volume, nous témoigna une confiance si grande qu'elle nous émeut et à laquelle nous n'avons peut-être qu'imparfaitement répondu. Nous tenons aussi, à associer dans un même sentiment de remerciement, les écrivains éminents, les maîtres illustres qui ont mis à notre disposition non seulement leurs conférences, mais encore leur temps, leurs conseils, les enseignements de leur longue expérience, pour l'achèvement de ce *Livre d'Or de l'Exposition de l'Enfance*.

A l'exemple donc des sociétés antiques qui survivent à leur ruine par les littératures qu'elles nous ont léguées, l'Exposition de l'Enfance, en fermant ses portes, nous laisse un souvenir vivant, ce modeste livre de science.

Marcel Kleine.

L'Enfant sous l'ancien régime

LES LOIS ET LES MŒURS

CONFÉRENCE

par **M. Jacques Bonzon**
Avocat à la Cour de Paris

Si riche en souvenirs du temps passé, en tableaux, en jouets, en meubles, en figurines, où revit l'existence des enfants disparus, cette exposition nous en évoque cependant d'une sorte particulière : les petits riches, et si vous ne voulez point du mot heureux, car Louis XVII ou le prince impérial n'éveillent, dans leur grandeur, qu'un sentiment mélancolique, les petits privilégiés. Mais les objets où flotte encore un peu de leur âme me font songer à d'autres enfants, à tous les inconnus, sans grâce particulière, situation élevée, ni talent exceptionnel, qui pourtant offrirent leur intérêt et possédèrent leur valeur — pour ce motif très simple, dont il serait naïf de donner la démonstration, qu'ils furent la France d'autrefois, qu'enfant ils devinrent hommes et préparèrent nos modernes générations. Comment vivaient-ils, quelles lois les protégeaient, quelles mœurs les entouraient de sollicitude et de tendresse? Comment, en un mot, était traité, d'une manière générale, l'enfant sous l'ancien régime? Connaissance indispensable, si nous voulons comprendre la

France d'aujourd'hui, dont les racines plongent encore si profondes dans la France de jadis.

Quelles lois et quelles mœurs, la comparaison, sinon l'antithèse, s'en impose également. A toute époque, les lois sont restées insuffisantes pour expliquer l'état social. Elles montrent ce qui devrait être bien plus que ce qui est. On se tromperait autant à résumer la situation contemporaine de la France par le code Napoléon que celle de l'Inde antique par les lois de Manou. Parce que trop de lois restent inappliquées, façade qui s'effrite lentement, jusqu'au jour où une loi nouvelle essaie tant bien que mal de la recrépir. En voulez-vous des preuves actuelles, et propres à l'enfance ? Le 23 décembre 1874, une loi est promulguée en faveur des nourrissons, encore à peine protégés. C'est l'œuvre presque parfaite du docteur Roussel, alors membre de l'Assemblée Nationale, aujourd'hui le sénateur vénéré, le type du philanthrope, de l'ami des enfants. Mais cette loi, par l'incurie ou l'avarice des pouvoirs locaux, reste inappliquée en trop de lieux, et la mortalité du jeune âge n'en sévit guère moins, adjuvant de la dépopulation, adjuvant d'autant plus déplorable que celui-là, du moins, pourrait être efficacement combattu.

Ou bien ce n'est pas l'incurie ni l'avarice qui, sans détruire une loi, la faussent : c'est la passion. L'enseignement primaire, la trinité démocratique de l'obligation, de la gratuité, de la laïcité, est en soi excellente. N'en a-t-on pas trop souvent altéré l'esprit, depuis vingt ans, par la passion sottement irréligieuse qui, sinon les grands chefs, du moins les sous-ordres de village, a si longtemps inspiré les instructeurs de la jeunesse, et semble les reprendre ?

Tous ces exemples se retrouvent dans l'Ancien Régime. Ils se retrouvent même davantage dans une société qu'est loin d'imprégner aussi fortement l'idée de la loi. Les Parlements n'ont point du tout ce respect des textes dont nous faisons l'essence même de nos tribunaux. Quand un édit

déplaît aux convictions ou aux intérêts d'une province, son
Parlement refuse tout simplement de l'enregistrer. L'Edit
de Nantes, donné en 1598, n'est ainsi enregistré en Normandie, après force résista.ces, qu'en 160. .es institutions, sinon plus libres, sont en tout cas bien moins stric-
tement organisées. Il est donc de toute nécessité que les
mœurs aident à juger de l'état social, autant et plus que
les codes. L'étude des mœurs, au reste, sous quelque régime, ancien ou nouveau, que l'on puisse vivre en société,
perfectionne celle des lois : elle permet d'améliorer celles-ci
sans cesse, c'est-à-dire de rendre plus conformes les unes
aux autres lois et mœurs.

Mais l'étude rétrospective ainsi comprise pour l'enfance
serait trop vaste, si elle portait sur *tout* l'Ancien Régime.
Une vue générale de l'histoire n'est à l'ordinaire qu'une vue
médiocre, parce qu'elle s'éparpille. Un Bossuet peut parer
de son éloquence un *Discours sur l'Histoire universelle*,
il ne laisse au demeurant qu'une œuvre de rhétorique.
L'enfant du xiii° siècle n'est pas plus celui du xviii° que
celui du xviii° n'est comparable à celui du xx°. Certes, la Révolution a creusé, suivant la formule, un fossé, et même un
abîme, entre deux états sociaux. Avant elle néanmoins
s'était lentement accomplie une évolution considérable.
Louis XV enfant ressemble plus au prince impérial qu'au
petit Saint-Louis. Il faut savoir se borner pour savoir ici
dire quelque chose.

L'Ancien Régime sera donc pour nous cette période la plus
proche où la France est aussi la moins dissemblable, parce
que la Monarchie enfin triomphante entreprend d'unir in-
dissolublement tous les Français sous sa discipline, double,
à la fois centralisatrice et théocratique. Ce sera de Henri IV,
vainqueur de la Ligue, particularisme catholique, et de la
Réforme, particularisme protestant, jusqu'à Louis XVI, où
les idées révolutionnaires désorganisent la société, le ré-

— 14 —

gime ancien, avant que la guillotine en ait pratiquement
et définitivement raison.

L'enfance veut elle-même des distinctions : trois âges
successifs la partagent. Nous devons considérer successivement le bébé, l'écolier, l'apprenti.

La naissance n'était guère protégée sous l'ancien régime.
La loi faisait très peu pour l'enfant et rien pour la mère.
Est il pourtant possible de les séparer à ce moment encore, et la protection de la femme enceinte, puis de l'accou-
chée, n'est-elle pas la protection même de son enfant? Certes la loi ancienne réprimait les violences criminelles qui
pouvaient nuire au nouveau-né, ou l'empêchér même de
naître. L'infanticide n'était pas seulement puni de mort. Le
simple *célement de grossesse*, le fait par une femme de ca-
cher son accouchement, que suivait la mort naturelle de
l'enfant, ce qui aujourd'hui constitue le délit de suppression
d'enfant, et n'entraine qu'une peine d'emprisonnement,
était, selon l'édit de février 1556, frappé de la peine capitale.
Et nous en trouvons encore au xviiie siècle une application.
Le 16 mars 1731 la nommée Françoise Roche fut condamnée
à être pendue, « pour avoir célé sa grossesse et son enfan-
tement, et avoir homicidé et suffoqué son enfant ».

La peine de mort punissait encore l'avortement. Le fouet
et la flétrissure châtiaient ceux qui avaient exposé un enfant dans un lieu solitaire. Mais ces mesures purement pé-
nales n'étaient qu'une marque de la dureté judiciaire, plutôt que de la sollicitude légale pour le nouveau-né. Sans
doute, la France d'autrefois voyait naître beaucoup plus
d'enfants que celle d'aujourd'hui. La dépopulation, problème si grave pour la nôtre, n'existait pas pour elle. Alors
que cent familles à l'heure présente n'ont plus en moyenne
que vingt-cinq enfants, cent ménages du temps passé en
mettaient au monde trente-cinq. Seulement, et c'est là l'essentiel, savait-on conserver tous ces enfants ou du moins
en sauver la plupart des maladies qui toujours ont menacé

les nourrissons? Sinon les lois, les mœurs en tout cas étaient-elles assez éclairées ?

Il ne semble pas qu'en toute impartialité on puisse répondre affirmativement. Laissons de côté l'accouchement dans la famille des femmes aisées ou riches. Là, une sage-femme, une matrone aide de son mieux la nature. L'accoucheur, le médecin, d'une science sérieuse, ne fait son entrée que tardivement. C'est seulement au milieu du xviii° siècle que la mode se prend, et chez les femmes de qualité, d'appeler l'accoucheur. Les bourgeoises attendront plus d'un siècle avant de suivre le même usage.

Mais les femmes pauvres ? Elles vont à l'hôpital, et l'hôpital est très mal tenu. L'enquête faite en 1788 par Tenon, sur l'ordre du roi, nous montre le degré d'infection des hôpitaux parisiens, auprès duquel les pires négligences de notre Assistance publique paraîtraient des modèles de zèle. Chaque lit contient de quatre à six malades, et les maladies étant différentes, la plus aimable contagion ne tarde pas à s'établir entre les malades. L'Hôtel-Dieu, qui reçoit beaucoup de femmes enceintes, en perd dans les meilleures époques, quand il ne règne aucune épidémie, une sur treize. Aussi en 1785, à ce moment où l'esprit humanitaire précède, trop tard d'ailleurs, l'esprit révolutionnaire, voyons-nous un effort des particuliers pour venir en aide aux mères pauvres, par là-même aux enfants. C'est la *Société de charité maternelle,* fondée à Paris pour faciliter l'accouchement à domicile, et qui, placée à l'origine sous la protection de Marie-Antoinette, subsiste encore de nos jours.

Beaucoup d'accouchées pourtant sortent de l'hospice saines et sauves, ainsi que le bébé. Son éducation va-t-elle se faire dans la famille ? Nous n'aurons guère alors à en parler. Ce sera le détail banal et charmant de la vie quotidienne. Ondoyé dès les premières heures, l'enfant est bientôt baptisé. Son inscription sur les registres de l'état civil, cet ensemble de prescriptions légales si minutieuses aujourd'hui et si sages, n'existe presque pas. Vers la fin seulement de l'Ancien Régime, en 1787, nous voyons l'Edit de Tolérance, rendu pour les protestants trop longtemps persécutés, leur permettre de déclarer la naissance de leurs enfants à un fonctionnaire royal, premier type de l'officier d'état civil. Mais jusque-là, et jusqu'à la Révolution pour les catholiques, les actes de naissance, comme tous les actes qui établissent la condition des personnes, mariage ou mort, ne sont dressés que par le curé. Il les tient parfois avec soin, et plus d'une commune de France conserve ainsi des registres d'état civil remontant à plusieurs siècles. Plus souvent il est ignorant presque autant que ses ouailles, et l'état civil n'a pas cette précision à laquelle le code civil nous a habitués depuis un siècle. Il nous a par contre déshabitués du prêtre obligatoire. L'Ancien Régime, au contraire, c'est le prêtre partout, depuis l'ondoiement jusqu'à l'extrême-onction, depuis l'acte de naissance jusqu'à l'acte de décès.

L'enfant est baptisé. Suivant une coutume chère à bien des mères, et conseillée par les matrones, on lui a *coupé le filet*. Il faut l'élever. Il faut d'abord le nourrir. Dans le peuple, la mère allaite de préférence son enfant. Je crois qu'on exagère beaucoup l'importance des nourrices pour le peuple d'autrefois comme pour celui d'aujourd'hui. Ce n'est point peut-être par tendresse plus grande, ni par devoir mieux compris. Mais tout simplement par pauvreté. Les nourrices coûtent cher. Le luxe d'une nourrice sur lieu n'est permis qu'à la grande dame, qui rougirait d'allaiter son enfant elle-même. Le placement chez une nourrice en garde reste encore trop coûteux ; c'est le luxe de la bourgeoisie, ou des artisans aisés, chez qui la femme travaille, et ne peut aisément arrêter son labeur constant pour les charges de l'allaitement.

Cependant l'importance des *remplaçantes* reste extrême. Elles ont bien eu sous l'Ancien Régime leur Brieux, et qui eut quelque génie. Mais la mode lancée par Rousseau ne dura guère. Sentimentale, née bien moins d'une conviction raisonnée que d'une sensiblerie prétentieuse, elle ne fut dans les *classes dirigeantes* (le mot pouvait encore se dire), qu'un engouement parfois ridicule. Soyons heureux pour les nourrissons que leurs mères, enthousiastes des *Remplaçantes,* comme leurs grands-mères de l'*Emile*, ne les traînent plus au théâtre Antoine pour les allaiter aux lumières.

La nourrice sur lieu, à laquelle revinrent bien vite les contemporaines de Marie-Antoinette, n'offre, au reste, pas de grands dangers pour son nourrisson. Il est loisible de la surveiller. C'est la nourrice en garde qui est la plus morticole. Les *faiseuses d'anges* opéraient dans l'ancienne France avec tant d'activité que la loi, si nonchalante — nous venons de le voir ailleurs — se préoccupa de les diriger. Dès 1615, des lettres patentes de Louis XIII limitèrent à quatre pour Paris les bureaux des *recommandaresses.* Car la nourrice se place déjà au moyen de bureaux particuliers. Les foires aux nourrices n'existent qu'en quelques provinces reculées, comme les foires aux domestiques et aux compagnons, où l'on va chercher directement serviteurs et ouvriers. Les *meneurs* et les *meneuses* vont donc racoler en province les nourrices qu'ils amènent chez les recommandaresses pour les placer sur lieu. Ou bien, ils emmènent en province les enfants à confier aux nourrices désignées par les recommandaresses. Ce métier est fructueux. Sur le salaire de la nourrice qui atteint en moyenne huit livres par mois (environ 20 francs au taux actuel), le meneur prélève au moins le vingtième et la recommandaresse une part arbitraire. La contrainte par corps frappe au besoin les pères des nourrissons. Au début de la Révolution, l'Assemblée législative dut voter près de 400,000 livres pour tirer de prison les pères de famille incapables de solder les mois de nourrice.

Mais l'intérêt de la nourrice est-il de bien soigner un enfant pour lequel on la paie peut-être irrégulièrement ? S'il meurt, la recommandaresse en trouvera bientôt un autre. Comment ne mourrait-il pas facilement après le voyage qu'il a dû subir pour arriver chez la nourrice ? Avec beaucoup d'autres, le meneur l'a entassé dans une charrette qui, cahotante, a emmené tous ces petits êtres, nés d'hier à peine, et les a distribués au cours de la route.

La loi a donc raison d'intervenir. En fait elle reste inefficace. A elle seule la répétition des ordonnances le prouverait. Les lettres patentes de 1615 exigent de la nourrice un certificat de moralité signé par son curé. Les recommandaresses doivent tenir des registres parafés par les agents de la police. La sévérité augmente avec les déclarations royales de 1715, de 1737, de 1749. Il n'en faut pas moins reprendre toute cette organisation avec la déclaration de 1769. Les bureaux dés recommandaresses sont supprimés et remplacés par un bureau général auquel doivent s'adresser toutes les nourrices. Un service de contrôle est créé. Des médecins, avec des agents du bureau, surveilleront tous les nourrissons à Paris et dans les environs. Ce premier essai d'inspection officielle des nourrissons est réalisé, vous le voyez, avec la vigueur, je dirai même la brutalité, de l'ancien droit. La suppression des recommandaresses s'opère d'un trait de plume. Et pourtant la mortalité des nourrissons reste excessive. Elle dépasse plus des deux tiers des enfants mis en garde On peut bien, en 1781, réunir toutes les dispositions officielles en cette matière sous le titre de *Code des Nourrices*, leur industrie meurtrière n'en continue pas moins à narguer les textes.

Tous les nourrissons ne meurent pourtant pas; il ne convient point de fausser dramatiquement les faits. Plus d'un bébé était heureux chez une brave paysanne et comme aujourd'hui, en revenait fort et gai. Rappelez-vous les mémoires de Mme Roland, et le souvenir attendri que

cette bourgeoise grandiloquente avait gardé de sa bonne
nourrice. L'enfant d'autrefois, élevé plus fermement, ne l'é-
tait pas moins tendrement. Les petits que Chardin a peints
dans leur vie familière, prenant bien sages leur soupe,
ou joignant les mains pour la prière du soir, montrent sur
leurs doux visages autant de calme bonheur que ceux dont
nous cherchons autour de nous à rendre chaque minute
riante. Cette éducation d'autrefois, vous avez pu la comprendre, en vous promenant parmi l'exposition que l'an
dernier, au grand Bazar Universel, le Ministère de l'Intérieur avait réunie en une captivante rétrospective de l'enfance. Les maillots y revivaient sans doute avec leurs ban-
delettes barbares, dont Rousseau eut au moins le mérite
d'éloigner plus d'une mère. Mais que d'objets ingénieux pour soutenir l'enfant, encourager ses premiers pas,
calmer ses premières larmes! Glissières, toquets d'osier,
biberons, hochets, tout cela ne montrait-il pas une solieci-
tude profonde ? L'amour de l'enfance peut varier en ses
formes ; moins raisonné sans doute, apparaissant malheureusement moins dans les lois, il n'était pas moins vif dans
les mœurs.

Nous le retrouvons même pour l'enfant le plus malheureux : l'enfant abandonné. Cet autre moyen de ne pas élever soi-même l'enfant que, par dureté ou misère, on ne
veut point garder, l'abandon, fut en grande faveur durant
tout l'Ancien Régime. Les lois furent obligées de s'en préoccuper. La législation des enfants trouvés ou abandonnés
remonte très haut. Au Moyen Age, ils sont à la charge du
seigneur dont ils deviennent les serfs ; lorsque le servage
a presque disparu des lois, ou tout au moins des mœurs,
le seigneur haut justicier doit toujours subvenir aux besoins
des enfants trouvés. En fait, il ne s'en soucie guère ; c'est
la charité qui s'en préoccupe. La charité fut grande sous
l'Ancien Régime, parce que la foi y fut aussi très puissante.
On peut en critiquer l'inspiration et cette intolérance

essentielle qui confond souvent la foi et le prosélytisme.
Il faut la constater. Les fondations, les libéralités pieuses
sauvèrent la vie à plus d'un enfant aussi bien que nos patronages laïques.

Paris nous montrera, sous le raccourci le meilleur, l'organisation établie en faveur des enfants abandonnés. Celle-ci
est très précise. La loi a dû de toute nécessité se préoccuper
de la misère, car la misère fut la plaie vive de l'Ancien Régime. A Paris, sur 600.000 habitants, 100.000 au moins ne
vivent que de la charité. Les institutions nombreuses qui
cherchent à les secourir pensèrent à se fortifier en s'associant. En 1656, se crée l'Hôpital général. Il est la réunion de
dix maisons, qui secourent 11,000 pauvres. Sous la haute
surveillance de l'archevêque, du premier président du
Parlement, du procureur général, du lieutenant de police et
du prévôt des marchands, il est dirigé par douze adminis-
trateurs et possède un revenu supérieur à quatre millions
de livres.

L'expérience ayant réussi, le roi la consacre par l'édit de
1662. Chaque ville du royaume devra, pour tous ses pauvres, posséder un hôpital général. Cet édit, qui rappelle
celui de Moulins, rendu au 16e siècle, et dont la règle subsiste encore, en vertu de laquelle chaque commune doit
soutenir ses pauvres, ou celui de Blois, instituant au même
siècle les commissions des hôpitaux, ne parvint pas à détruire la misère. Beaucoup de villes tout d'abord ne le res-
pectèrent pas, et n'eurent jamais d'hôpital général. En 1778
on comptait environ, sur une population de 27 millions
d'habitants, 1.200.000 nécessiteux. Les établissements publics ou privés de bienfaisance, selon le comité de mendicité nommé par l'Assemblée nationale, n'étaient pour toute
la France que 2.185. Cependant l'édit de 1662 porta certainement de bons fruits, au moins à Paris, où sa splendeur
dans les bâtiments de la Salpêtrière, qui formait sa prin-
cipale maison, apparaît encore.

Plusieurs des établissements de l'Hôpital général recueillaient les enfants abandonnés. Près de Notre-Dame se trouvait la *Maison de la Couche*. Saint Vincent de Paul l'avait ouverte en 1688 avec ses Filles de la charité. En 1670, elle fut réunie officiellement à l'Hôpital général.

Chaque année, on y apportait cinq à six mille nouveaunés. Un nom leur était donné et une médaille attachée au cou pour leur servir de pièce d'identité. Puis on s'efforçait de leur procurer une nourrice. L'histoire bien connue d'un illustre encyclopédiste nous montrera comment était protégé l'enfant au xviii° siècle.

D'Alembert, abandonné alors qu'il n'avait que quelques jours, en 1717, fut trouvé sur les marches d'une vieille église aujourd'hui disparue, et qui s'appelait l'église Lerond. On le porta chez le commissaire du quartier, qui lui donna le nom de Jean Lerond, de l'église où il avait été recueilli. Puis une humble femme des environs, la femme d'un vitrier nommé Rousseau, s'offrit à recueillir le pauvre petit qui lui fut confié. Elle devait trouver en celui qui prit plus tard le nom moins plébéien de d'Alembert un vrai fils selon le cœur. Lorsque la mère selon la nature voulut réclamer une maternité désormais glorieuse, d'Alembert refusa ce cadeau tardif. Et la chanoinesse de Tencin, qui n'avait pas craint de révéler aussi publiquement une infraction à la chasteté canonique, connue au reste de tous ceux qui fréquentaient son salon, ou selon son propre mot sa *ménagerie*, cette chanoinesse bien 18° siècle put comprendre que pour être philosophe on n'en était pas moins honnête homme.

Mais tous les enfants abandonnés, outre qu'ils n'étaient pas des d'Alembert, ne trouvaient pas de compatissante vitrière. La Maison de la Couche leur cherchait une nourrice à la campagne. Ils restaient chez elle jusqu'à six ans, ceux du moins qui pouvaient y arriver à temps. Car le plus grand nombre mouraient dans les premiers jours de l'abandon. C'est même la meilleure réponse aux admirateurs attardés du *tour*. Cette boîte, dont le dernier spécimen en usage a disparu vers 1865, fonctionnait à la Maison de la Couche comme dans tous les hospices. De 1776 à 1790, en grande partie par son entremise, on reçut 100.000 abandonnés aux Enfants Trouvés. 85.000 moururent dès les premiers jours.

Parfois l'enfant, auquel s'affectionnaient les parents nourriciers, restait auprès d'eux, et son travail remplaçait la pension de l'Hôpital général. Sinon il revenait à Paris, où plusieurs maisons l'accueillaient. L'hôpital du Saint-Esprit, vers 1789, en hébergeait 120. La maison de la Pitié en avait 1400, âgés de quatre à douze ans. La Salpêtrière abritait les petites filles. Paris a conservé le souvenir, par le nom d'un de ses quartiers, des enfants qui jetaient dans ses rues la note pittoresque de leur costume. Les *Enfants Rouges* étaient ceux de la charité publique aux environs du Temple.

La vie qu'ils menaient dans ces hospices apparait comme très misérable. L'inspiration qui avait fondé l'Hôpital général était certes charitable. Mais les exigences de l'administration poussaient les directeurs à profiter des enfants plus qu'à les rendre heureux. On les faisait travailler, les filles à filer, les garçons à fabriquer des lacets. Les plus jolis enfants étaient même, selon une coutume qui a subsisté longtemps dans quelques provinces, loués aux personnes riches qui voulaient donner plus d'éclat aux cérémonies mortuaires en leur faisant suivre le convoi. Ou bien c'était des quêtes publiques faites par les enfants de l'hospice. On sait la cruauté que ce terme a gardée presque jusqu'à nous dans le langage du peuple. A 12 ans les garçons étaient mis en apprentissage. Trop dépourvus d'éducation et de principes sérieux, ils devaient souvent être envoyés en correction à Bicêtre, où le contact des criminels et des fous eux-mêmes confondus achevait de les corrompre. Les filles étaient un peu mieux protégées. A la Salpêtrière on les gardait en principe jusqu'à 25 ans. Si elles se

mariaient, l'hôpital leur fournissait un trousseau et 300 li-
·vres. Mais cette charge n'excitait guère à leur trouver un
époux. On aimait mieux les conserver comme servantes, et
plus d'une restait domestique dans la maison où elle était
venue tout enfant. Enfin la propreté, là autant que dans les
hôpitaux, n'était pas la vertu de l'Eglise qui a canonisé
Labre. Lorsque le duc de La Rochefoucauld-Liancourt,
chargé par le comité de mendicité d'établir le projet de loi
contre la misère, visita la Salpêtrière en 1790, il y rencontre
un spectacle édifiant. «Si l'on considère, dit-il, quelle est la
position du bâtiment où sont les enfants, on le trouve
placé près de l'égoût de la maison qui répand une odeur
infecte dans les grandes pluies. L'amphithéâtre d'anatomie
est placé au-dessous des dortoirs, et l'air qui entre par les
fenêtres est imprégné de tous les miasmes putrides qu'ex-
hale la cour où l'on entretient habituellement soixante-
quinze cochons mis en pension au mois par des charcu-
tiers de Paris. Tous les germes de corruption et de maladie
sont rassemblés autour de ces enfants.»

Certaines de nos œuvres plus ou moins philanthropiques
ne se reconnaîtraient-elles pas ici ? Les enfants coûtent,
mais les cochons rapportent.

Nous avons pourtant réalisé d'immenses progrès en ce
domaine et qu'il faut reconnaître. Certes, les enfants abandonnés sont plus nombreux. Necker, en 1786, estimait leur
nombre pour la France entière à 40.000. Notre assistance
publique en a plus de 130.000 à sa charge. Au moins les
traite-t-elle incontestablement mieux.

Pourtant la loi s'était donc préoccupée d'eux autant que
la charité. Pour l'enfant arrivé à un âge plus avancé, où
d'autres besoins appellent d'autres soins, la loi ne fit
rien, et la charité trop peu de chose.

L'écolier n'a pas pour l'Ancien Régime l'importance qu'il
a prise à nos yeux. C'est qu'ici la conception même de
la famille s'est profondément modifiée. Seul le père de fa-

mille est alors juge de l'éducation de ses enfants. Il tient de Dieu ses droits sur eux, comme le roi sur ses sujets. Talleyrand, qui vantait la douceur de vivre à la fin de la monarchie, a reconnu ailleurs le caractère aisément despotique du pouvoir paternel, et en donne la cause. « C'est la famille, dit-il, que l'on aimait, bien plus que les individus que l'on ne connaissait pas encore ». Conception fausse d'ailleurs, de ne pas voir que la famille elle-même dépend de la société, et permet à celle-ci d'en régler l'éducation autant que d'en protéger les droits. Sous l'Ancien Régime, nous ne trouvons pas trace d'instruction obligatoire. Ou si nous l'apercevons, c'est dans des édits comme ceux de 1695, 1698, 1724, qui laissent naïvement éclater leur raison de prosélytisme. Celui de 1698 ordonne «...d'instruire tous les enfants et nommément ceux de la religion prétendue réformée, du catéchisme et des prières qui sont nécessaires, les conduire à la messe tous les jours ouvriers, leur donner l'instruction dont ils ont besoin à ce sujet, et avoir soin, pendant le temps qu'ils iront aux dites écoles, qu'ils assistent au service les dimanches et fêtes... » C'est une œuvre de catholicisation, non d'instruction. Le Clergé resta, durant toute la monarchie absolue, le seul maître de l'enseignement. Il n'a pu encore se résigner à la perte de sa trop longue domination.

Au moins doit-on lui reconnaître à cet endroit des efforts souvent louables et parfois désintéressés. Plusieurs institutions fondées par lui essayèrent de remédier à l'indifférence, à l'hostilité même du pouvoir pour l'instruction du peuple. A Paris, les *petites écoles* se trouvent sous la direction du chantre de Notre-Dame. Il nomme les *maîtres d'école*, et en perçoit quelques rétributions. En 1789, nous trouvons ainsi dans la capitale et les faubourgs 334 petites écoles, dont 167 ouvertes aux filles. Les maîtres écrivains-jurés donnent des leçons en ville dans les familles aisées. Mais l'instruction est surtout distribuée par les congrégations.

Dès le xvi⁰ siècle, César de Bus fonde celle des Doctri-
naires ou Pères de la Doctrine chrétienne. Jean-Baptiste
de la Salle établit à Reims, vers 1680, celle qui devait
prendre et conserver la suprématie. Les Frères des Ecoles
chrétiennes, consacrés en 1724 par une bulle de Benoît XIII
et des lettres-patentes du roi, ont bien mérité que leur fon-
dateur, longtemps simple Bienheureux, fût enfin, l'an dernier, promu à la canonisation.

De leur côté, les filles ont pour les instruire, à partir
de 1608 les Ursulines, à partir de 1615 les Filles de Notre-
Dame. Aussi, en 1789, peut-on admettre que 700.000 enfants recoivent l'instruction primaire dans 22.000 petites
écoles.

Mais que cette instruction est rudimentaire ! Et lorsque
le *maître d''école*, à qui la Révolution n'est pas encore venue donner le titre pompeux d'*instituteur*, n'est pas un con-
gréganiste, sa science ne dépasse guère celle de ses élèves.
Le maître d'école qui en fait métier et non pas vocation
est à l'ordinaire très misérable. Après avoir reçu de l'évêque
l'*approbation* ou permission d'enseigner, il se met en quête
d'une école. Certaines provinces, dans le centre, le midi
ou l'ouest en ont très peu. La Marche, l'Auvergne, le Li-
mousin n'en possédent pas une par vingt villages. S'il
trouve enfin une place vacante, et que les principaux habitants aient reconnu ses talents, il peut compter sur un
salaire qui ne dépassera pas 500 livres. Plus souvent l'é-
colage lui est payé en nature par les parents, chez lesquels
il va prendre ses repas à tour de rôle. Il fait un peu tous
les métiers dont nul ne veut au village, et qui touchent à
l'église, sacristain, sonneur de cloches, fossoyeur. Quel
enseignement donne-t-il dans ces conditions ? Lire, écrire,
compter, apprendre le catéchisme et le plain-chant, voilà
tout son rouleau.

Il a pour le développer des moyens plutôt frappants. Les
Frères des Ecoles chrétiennes qui sont, je le répète, le seul

corps enseignant un peu sérieux de l'ancien régime, ont compris déjà l'inutile barbarie de certains procédés pédagogiques. Leur règlement interdit les coups sur la tête et dans le dos. Il reste encore de la place. Mais le commun des maîtres d'école n'a point de ces délicatesses. Et le mot reste vrai, de l'auteur du XVIᵉ siècle parlant des petites écoles : « On n'oit rien céans que coups de verges, cris, pleurs, soupirs et sanglots. Après les Ecossais, il n'est pas de plus grands fesseurs que les maitres d'école français ».

Fillettes et garçons ne sauraient ainsi devenir bien savants. L'admiration populaire pour l'enfant sachant lire se comprend donc. Elle dura jusqu'à nos jours, où l'école enfin obligatoire a fait des connaissances élémentaires chose toute naturelle. Le peuple de France était jadis d'une merveilleuse ignorance, qui ne pouvait que nuire à la vivacité naturelle de son esprit. Dans le Bourbonnais, c'est à peine si dix personnes sur cent étaient capables d'écrire leur nom sur leur acte de mariage. Dans le Nivernais, on en arrivait à ne compter que six femmes sur cent sachant signer.

L'enfant du Tiers ou de la Noblesse était autrement traité, et les cinq à six cents collèges qui existaient vers 1789 distribuaient à leurs 73,000 élèves une instruction très suffisante. La tradition janséniste, la méthode de Port-Royal, avait vivifié les études secondaires, que l'habileté des Jésuites savait rendre aptes à former des disciples utiles, quand parfois elle ne lançait pas dans le monde des adversaires peu tendres pour leurs anciens maîtres. Si l'esprit moderne, les sciences, l'histoire, manque trop encore dans l'enseignement des collèges, du moins la forte étude de l'antiquité, à la source et dans les textes, donne cette netteté, cette clarté éloquente qui caractérise toute notre littérature classique. Le siècle de Louis XIV, celui de Louis XV font honneur aux maîtres de la jeunesse lettrée. Sur leurs 73,000 élèves, 40,000 sont boursiers. L'Eglise, les Jésuites surtout, savent être généreux pour les talents qui promettent. Mais la foule, l'humble, le peuple, vaut-il qu'on s'en soucie ? Ne convient-il pas plutôt de le laisser dans cette sage igno-rance qui, incapable de raisonner, doit rendre incapable de blasphémer ? Éternelle sottise de l'obscurantisme ! L'igno-rance n'empêche point la haine, elle la fortifie. Quand la Révolution éclata, le peuple crut tout le passé mauvais, et ne songea, aristocratie, monarchie, clergé, qu'à le balayer.

La condition légale de l'ouvrier, les entraves qui le gê-naient sans le protéger n'étaient pas pour adoucir sa haine aussi grandissante que celle du paysan contre un régime de privilèges, dont les privilégiés désapprenaient graduel-lement à supporter la contre-partie, les devoirs de la no-blesse ou du clergé. Les corporations s'entêtaient, sous la pression des maîtres riches, à repousser toute évolution vraiment féconde. La Monarchie, engagée par Colbert dans la voie dangereuse des restrictions et des réglementations industrielles, aggravait encore le mal. Et pourtant naissait la grande industrie, sinon déjà par la machine mécanique, du moins par l'agglomération des travailleurs. A Lyon, en 1788, la fabrique compte 28,500 ouvriers. 18,138 sont des enfants. Leurs souffrances, à aider le canut dans son travail, pliés auprès de son métier, sont extrêmes. La loi ne paraît pas se douter qu'on puisse les protéger. Ici pour-tant la réglementation se serait comprise. Les mœurs ne le comprennent pas davantage. Il faudra attendre jusqu'au milieu du xixe siècle pour que les cupidités patronales cè-dent, et que s'élargisse aussi la conception étroite d'une li-berté industrielle non moins funeste que la réglementation à outrance de Colbert, non moins funeste que la liberté de l'ignorance qui semblait consacrer les droits du père de fa-mille. Sans doute, ces maux mêmes font naître leurs remè-des. Le petit Jacquard est un fils de canut, et ses souf-frances le rendent ingénieux à perfectionner le métier pa-ternel. Comme le petit Watt, en Angleterre, obligé de surveiller tout le jour une machine imparfaite, devient au même temps le vrai créateur de l'industrie mécanique. Mais pour deux génies, que d'enfants écrasés sous un labeur prématuré !

Nourrisson, écolier, apprenti, l'enfant de l'ancienne France trouve donc en sa faveur trop peu de lois. La charité lui est plus tendre. La famille est en outre très forte. Et la société en profite par plus d'un côté. Mais cette force risque aisément de dégénérer en brutalité contre l'enfant. Nous avons donc accompli des progrès immenses. Si le champ reste encore assez vaste. L'instruction obligatoire, la protection du jeune ouvrier, celle du nourrisson constituent, quelque admirateur qu'on soit des temps révolus, une amélioration certaine. Par ce contraste même, l'ancien régime sert le nouveau. Il lui montre l'utilité de ses efforts, et, par dessus les révolutions et les haines, malgré les hésitations et les défaillances passagères, l'incessante conquête du Bien.

Les Enfants vagabonds

CONFÉRENCE

PAR

M. le Docteur Jean PHILIPPE,
Chef du Laboratoire de Psychologie Physiologique à la Sorbonne,
sous la Présidence de M. L. ALBANEL.

Après quelques mots d'introduction de M. Albanel,
le conférencier commence par passer en revue les diverses
conceptions qu'on se fait généralement du vagabond. Il décrit, en termes pittoresques, les deux types de vagabonds
créés par les conceptions très différentes du peuple et des
poètes.

D'après la première conception, celle qui est la plus commune, « c'est un individu qui n'a aucun moyen d'existence :
ni travail, ni propriété, ni famille ; qui a pris l'habitude, par
suite, de vivre au hasard de la Providence sur les routes,
c'est-à-dire sur le bien d'autrui. La propriété n'étant pas à
tout le monde, le vagabond vole et, au besoin, il tue ; partout où il passe, il est la terreur, l'effroi des faibles : pis encore. Je n'ai pas besoin de rappeler ici l'histoire de
Vacher ».

La deuxième conception du vagabond a été popularisée
par les poètes et les écrivains ; par Richepin, notamment
dans le *Chemineau* — « c'est un individu qui vagabonde

par goût et par instincts ataviques, mais qui ne craint pas, au besoin, de travailler. Il n'est nullement en lutte contre la société : mais il a l'horreur de tout domicile permanent; les contraintes, les limitations d'une position sociale l'étouffent : Il a pour les *enracinés* de tous ordres le plus profond mépris ; lui ne peut vivre ailleurs qu'au grand air, dans les campagnes aux vastes horizons. Du temps des troubadours, c'eut été quelque poète errant : aujourd'hui, c'est simplement le chemineau, délices des petits vagabonds parisiens quand ils peuvent l'aller entendre aux théâtres de Belleville ou Montparnasse. Plus jeune, c'est Zanetto, l'adolescent à la voix d'or du *Passant!* Dans la pratique, à la ville ou à la campagne, c'est le *Bohème* ».

M. le Docteur Philippe, après avoir passé en revue ces conceptions, montre comment elles se justifient l'une et l'autre. « Au total, qu'est-ce qu'un vagabond ? celui sur qui l'éducation sociale n'a pas eu de prise, qui ne s'est pas laissé agréger à la société ou que celle-ci n'a su ni adopter, ni s'adapter. Si bien qu'il reste en dehors, en marge de cette société et de son Code : jusqu'au jour où les circonstances l'amènent à la lutte et transforment ce vagabond en criminel ».

Mais le vagabond n'est, au début, pas autre qu'un arriéré, au point de vue social. « La civilisation a progressé, les sociétés se sont transformées et aussi la propriété, le commerce, le travail, toutes les formes de production et de richesse ; le vagabond, lui, en reste à la formule enfantine des sociétés primitives. C'est un enfant, socialement parlant : enfant grandi sans que l'éducation l'ait rendu plus sociable : il reste, à l'âge d'homme, ce qu'il était de naissance : c'est-à-dire un vagabond. Car l'enfant (quelque étrange que cela puisse paraître) naît vagabond comme il naît égoïste ou insociable. Voyez l'enfant : dès qu'il sait marcher, il s'empresse de courir, pour échapper, à droite et à gauche : c'est-à-dire qu'il s'empresse de vagabonder et notre éducation a précisément pour but de corriger, de transformer ces tendances en d'autres énergies mieux adaptées.

« L'enfant, écrivait M. Albanel dans son livre récent sur le *Crime*, vagabonde naturellement, comme M. Jourdain faisait de la prose ». La formule est à retenir : et c'est précisément parce qu'il s'adaptera aux formes actuelles de la société qu'il cessera, dans un âge plus avancé, d'être un vagabond et il cessera d'autant plus vite que les moyens d'actions dont dispose la société auront plus de prise sur sa nature propre ; qu'il parcourra plus rapidement et dans le moins de temps possible, la série d'évolutions qui sépare l'*homme civilisé*, l'homme moderne, du nomade d'autrefois, du pasteur et du chasseur primitifs ».

Quels sont donc ceux qui, parmi les enfants, resteront vagabonds ? Ceux précisément sur qui n'agiront pas naturellement, — nous l'avons déjà dit — les moyens d'éducations usuels ; ceux avec qui la société n'aura pas de liens, peu de communications externes ; c'est-à-dire ceux qui présentent certaines défectuosités physiques et intellectuelles, certaines tares pathologiques, et ceux, particulièrement dont l'*hérédité est chargée*.

Après avoir posé cette affirmation d'une justesse évidente, M. le Dr Philippe la prouve, pour ainsi dire mathématiquement en reconstituant, à l'aide d'observations personnelles très judicieuses, le portrait physique de l'enfant vagabond. C'est, avant tout, un *faible*, dans toute l'acception du mot. Dans cette société à laquelle il doit s'adapter, et presque se perdre pour échapper à son vagabondage, l'enfant vagabond a toutes les peines du monde à prendre contact avec ses semblables, à communiquer avec eux pour participer de leurs sentiments et de leurs pensées. A tous points de vue, et d'abord au point de vue sensoriel, c'est un *taré*. Il entend mal, il voit mal, il parle mal. Il entend mal : pauvre de santé, profondément atteint de misère physiologique, il a l'oreille en fort mauvais état : tantôt c'est une demi-surdité, tantôt des bourdonnements, lointains préludes, peut-être, des hallucinations qui feront quelque jour de ce paria un persécuté, puis un persécuteur dangereux. Sans aller jusque-là, cette surdité est déjà une cause d'isolement social : plus que l'aveugle, le sourd vit en dehors du *consensus* d'idées et de sentiments nécessaires à la bonne harmonie sociale. — Il voit mal, les yeux faibles, le champs visuel atteint, la perception des couleurs insuffisante, comme il arrive chez les enfants dont le développement reste stationnaire : sans parler des autres tares qui le font loucher, voir trouble, etc.— Enfin, il a de ces accrocs de parole qui sont, eux aussi, caractéristiques de dégénérescences ; certaines syllabes lui échappent ; ou bien il n'a jamais pu apprendre à prononcer correctement, articuler nettement certaines lettres, incapable qu'il reste d'assouplir sa langue, d'éduquer ses centres nerveux à l'ensemble de mouvements délicats et *intelligents* du langage articulé. De ce côté encore, il reste donc en marge de la société, il ne s'adapte ni ne s'agrège à elle. « Tout l'empêche de comprendre et de recevoir la pensée d'autrui, de communiquer la sienne : par suite, il reste presque forcément solitaire au milieu de la société ».

Voilà, certes, un tableau peu flatteur de l'enfant vagabond : il est juste de dire que tous ces traits se trouvent rarement réunis ensemble. » Mais il suffit que l'un domine assez fortement pour s'imposer et diriger la formation mentale de l'enfant ; tout l'être s'en ressentira, toute la physionomie morale et physique en portera l'empreinte ; et c'est sans doute ce qui nous impose, en face de l'enfant vagabond, cette impression d'antipathie à laquelle nous savons rarement résister. Et cependant, ces petits misérables sont-ils autres que de malheureux malades, dignes de toute pitié et bien faits d'ailleurs pour l'inspirer. Car je n'ai pas encore tout dit : et j'aurais dû, au début de ce portrait rapide, noter d'abord la fréquence d'autres maladies : hérédités spéciales, scrofules, rachitisme, etc.; et surtout, quelque étrange que cela paraisse, des troubles de la marche. Maintes fois, et dès son enfance, le vagabond boite, tire la jambe ou traîne le pied, et la marche est une souffrance pour ce coureur de grand chemin qui ne peut rester en place. « Volontiers, gens boiteux..... », disait déjà La Fontaine. »

« Mais ce ne sont là que des dehors : si l'on pénètre l'écorce, si l'on va à l'âme de ces petits malheureux et qu'on étudie plus minutieusement leur intelligence et leur volonté encore imparfaites, on s'aperçoit rapidement que leurs sentiments sont mal développés, ou plus précisément, qu'ils ont subi une déformation regrettable, qu'ils sont, en un mot, moralement et intellectuellement arriérés. L'arrêt mental va de pair avec l'arrêt physique. »

« Ils n'ont, par exemple, nulle notion de la propriété; ils sont par suite voleurs, ou pour parler plus exactement *chipeurs;* et chipeurs avec délices : l'utile et l'inutile, tout leur est bon à prendre... l'important, pour eux, est d'ailleurs de prendre, et non d'amasser, car le petit vagabond n'est jamais de ces fervents collectionneurs qui classent avec délices leurs timbres-poste ou leurs cartes postales et s'il lui arrive parfois en campagne, de poursuivre quelques papillons, soyez certains que ce n'est pas pour les épingler sous verre. »

Pas plus d'ailleurs que de la propriété des autres, il ne se soucie de sa propre *guenille* : elle lui semble de si peu de valeur ! Nul souci de son corps chétif et malade : il est sale, en tout et partout, presque comme un animal : et c'est tout juste s'il ne gâte pas. Il n'y a pour lui ni boue, ni ruisseau, ni poussière : ces distinctions *sociales* lui importent peu; à toute occasion, il s'y roule, patauge avec ivresse et sort de là aussi malpropre que le Bamban du *Petit Chose* :

j'ajoute qu'il n'en a pas le bon cœur. Naturellement, peu sensible à la douleur, dur au mal de par son organisme, la souffrance des autres, bêtes ou gens, le laisse fort indiffé-rent. Il est volontaire, cruel, même sans raison, *pour voir.* »

Cette remarque psychologique, chacun a eu certaine-ment l'occasion de la faire, les petits vagabonds n'ont le respect de la vie sous quelque forme qu'elle se présente: chaque fois qu'ils en ont occasion, ils démolissent, ils pillent, autant qu'ils le peuvent, et même plus qu'ils ne peuvent, auquel cas ils s'acharnent. C'est, semble-t-il pour eux une jouissance qui semble infiniment vive, que de tuer la vie.

Toute cette menue psychologie de l'âme du vagabond fixée, M. le Docteur Philippe cherche à l'expliquer. Pour-quoi ces êtres faibles et intéressants échappent-ils donc à l'influence de l'école et de l'éducation? C'est là qu'est le point délicat et important. Car, il est probable que si ces causes nous étaient connues, nous pourrions y remédier.

Or, M. Kline, dans une récente étude du *Pedagogical Se-minary,* a fait des expériences qui peuvent nous renseigner à cet égard. Il a réuni des séries d'enfants vagabonds et leur a fait subir un examen médical très attentif. Des recherches et des mensurations auxquelles les enfants furent soumis, il est résulté qu'ils avaient pour leur âge une taille bien au-dessous de la moyenne et que leurs poids retardait unifor-mément de 2 ou 3 kilos sur celui des enfants de même âge.

L'organisme avait donc subi le même arrêt de dévelop-pement que les sens, l'intelligence et les sentiments : ou plutôt, pour parler exactement, c'est parce que l'organisme, arrêté dans son progrès normal, et manquant du néces-saire, n'avait pu se développer, que les sens et la volonté morale étaient restés inférieurs à leur tâche sociale, et que l'enfant ne pouvait s'adapter au milieu où il devait vivre, restait en marge et vagabondait.

C'est donc précisément parce que leurs organes étaient

arriérés que ces enfants étaient eux-mêmes moralement et socialement arriérés.

La contre-expérience était d'ailleurs facile : l'Amérique possède déjà un certain nombre de ces établissements, encore si rares en Europe, dans lesquels (comprenant combien les deux s'influent) on s'efforce de redresser et d'améliorer ensemble le corps et l'âme de l'enfant arriéré. Les Etats-Unis, en particulier, ont multiplié les Ecoles pour enfants anormaux : ils ont des établissements pour vagabonds, où ils s'efforcent d'éduquer l'insociable et de l'amener au rang de ses concitoyens. Dans ces écoles, M. Kline a étudié la croissance physique et le développement sensoriel des enfants vagabonds ; et ce qu'il a constaté est venu confirmer de façon absolue ce que faisaient prévoir ses précédentes remarques. « Ramené aux conditions sociales de l'existence, soumis à une suralimentation bien comprise et capable de remettre son organisme d'aplomb, l'enfant vagabond s'est transformé : l'organisme s'est développé, les sens obtus se sont ouverts, ont appris à percevoir et à interpréter les impressions du dehors ; et la transformation morale s'est rapidement accomplie, aidée par c tte ambiance qui sait éveiller une âme ».

Est-ce à dire que de tels résultats soient définitifs... et que jamais plus de tels enfants ne soient exposés à vagabonder ? « N'oublions pas que ces *guéris* ont été des malades, et que toute plaie cicatrisée peut se rouvrir ; mais ce n'est pas un mince résultat que d'avoir arraché ces enfants à leur vagabondage et de leur avoir fait rejoindre le peloton social avec lequel, désormais, ils marchent. C'est là une démonstration bien nette de l'influence du milieu sur le développement de la criminalité dont le vagabondage est l'antichambre. »

Reste à leur créer un milieu familial qui assure cette guérison. En effet, quand on surprend la sympathie de ces petits vagabonds toujours en défiance et qu'on les interroge, on apprend dans la plupart des cas qu'ils ont à se plaindre dans leur passé, du milieu où ils avaient primitivement vécu. Beaucoup de ces enfants avaient conscience que ni la société, ni leur famille, n'avaient vis-à-vis d'eux l'attitude qui convenait. Ils gardaient l'amertume de paroles dures, de coups reçus, ils sentaient vaguement l'hostilité autour d'eux et pour s'y soustraire, ils avaient vagabondé — quand il n'aurait fallu, pour en faire de bons sujets qu'un milieu plus tendre, une sympathie plus tangible, plus vraie.

Eh bien, conclut M. le Docteur Philippe, puisqu'il ne faut, pour ramener les enfants vagabonds, à une vie régulière que des soins intelligents. du tact et une grande souplesse de main; puisqu'on les arrache ainsi au vagabondage, qui représente plus de la moitié de la criminalité d'Enfance, et qui est, pour l'enfant plus encore que pour l'adulte, l'antichambre du crime; puisqu'il suffit pour les adapter au milieu où nous vivons tous, de leur accorder ces soins, de leur donner cette hygiène du corps et de l'âme qui est la première condition de la moralité: accordons largement l'appui moral et matériel nécessaires à ceux qui s'occupent de les sauver. Ce sera prendre notre part minime à une œuvre de bienfaisance et de défense sociales, plus nécessaire que jamais à notre époque de profondes transformations.

M. Albanel, juge d'instruction, Président du *Patronage Familial*, conclut cette conférence infiniment intéressante dont nous n'avons pu rendre que très imparfaitement le charme soutenu, l'intérêt profond, en exprimant le vœu de voir *se créer des établissements spéciaux pour les enfants vagabonds.*

Les petits émigrants italiens

CONFÉRENCE

Par M. le Prince de Cassano.

Mesdames,
Messieurs,

Dès le moyen-âge, alors que l'Italie n'existait que de nom, les Italiens émigraient dans toutes les parties du monde connues à cette époque et s'en allaient porter au-delà des mers ou à travers les continents les bienfaits de la Foi et les secrets de l'Art. C'étaient d'abord les navigateurs d'Amalfi, de Pise, de Gênes et de Venise, qui échangeaient les riches étoffes de soie et de brocart, les merveilles de l'orfèvrerie et de la ciselure contre les « arômes » et les « épices » des côtes de Barbarie et du Levant. C'étaient ensuite les tailleurs de pierres, les maçons et les sculpteurs qui élevaient les somptueuses cathédrales d'Allemagne et d'Angleterre, de France et de Lorraine. Et puis des verriers, des céramistes, des brodeurs, des dentellières, des imprimeurs, des tisserands, des armuriers, des artificiers, qui ont fait souche un peu partout et dont on retrouve encore aujourd'hui les noms et le type dans les populations du Nord et de l'Est.

Les luttes des communes, les guerres impériales, les invasions françaises, les bandes d'aventuriers sillonnant le pays, l'occupation espagnole arrêtaient cet exode qui reprenait, aussitôt la paix rétablie, car on trouve dans les archives de Lucques la preuve que dès le xviiie siècle on délivrait des passeports aux *stucchinai* (mouleurs décorateurs) et aux mosaïstes qui s'en allaient travailler à l'étranger.

Après les guerres de Napoléon qui avait, de gré ou de force, enrôlé sous les drapeaux français la jeunesse d'Italie et de la moitié de l'Europe, l'émigration recommença de plus belle et n'a fait que croître depuis lors. Des joueurs de vielle, de harpe et de violon, des montreurs de marmottes, d'ours et de singes, des petits ramoneurs, des glaciers ambulants se répandirent dans l'univers dès le commencement du siècle.

Après, ce fut le tour des marchands de statuettes ou petits mouleurs ; puis vinrent les modèles en costume : *pifferari* et *ciociare*. Tout ce monde partait avec l'espoir bien modeste d'amasser un petit pécule et de s'en retourner au village pour y acheter un lopin de terre et y prendre femme. Les plus ambitieux rêvaient d'une petite maison sur le bord d'un coteau ou d'une boutique dans la capitale pour continuer le métier. — L'Italie avait alors beaucoup de capitales. - Rarement on s'établissait à l'étranger.

Mais bientôt un nouvel élément devait grossir l'émigration italienne, c'était les agriculteurs et les terrassiers appelés en Amérique par la mise en valeur des immenses territoires ouverts à la culture et par la découverte des mines de Californie et du Mexique. Ceux qui ont vu ces émigrants à l'œuvre peuvent seuls comprendre combien injuste est l'opinion généralement répandue en France sur la paresse de l'Italien. D'ailleurs les témoignages en leur faveur abondent tant en Europe qu'en Amérique et le seul reproche qu'on leur fait dans ce dernier pays c'est d'avilir le prix de la main-d'œuvre ; car ils acceptent des salaires moins élevés que les autres ouvriers.

Malheureusement, cet exode continu a donné lieu à des

abus et a créé toute une catégorie de parasites qui vivent aux dépens des malheureux émigrants, petits et grands. D'abord les agents des grandes compagnies qui les poussent à partir pour des pays, où ils ne trouvent plus d'emploi, ensuite les entrepreneurs ou *padroni* qui louent les enfants à leurs familles. sous prétexte de leur apprendre un métier et de leur assurer l'existence.

Cette question des enfants italiens a préoccupé depuis longtemps les représentants officiels et les sociétés de bienfaisance italienne à l'étranger. Dès 1867, celle de Paris appelait l'attention du chevalier Nigra, ministre d'Italie, sur les agissements des exploiteurs d'enfants et un rapport était envoyé au gouvernement royal pour le mettre au courant de la situation.

Plus tard, M. Georges Berry publiait une série d'articles sur le sujet et provoquait une enquête de la part des autorités françaises. Enfin, M. le marquis Paolucci di Calboli, secrétaire à l'ambassade italienne de Paris, faiscit paraître dans la *Revue des revues* deux remarquables études, une sur les petits mouleurs et l'autre sur les enfants employés dans les verreries.

En Italie, la question a été discutée à la Chambre des députés au mois de mars dernier et encore il y a quelques jours, mais le gouvernement s'est borné à exprimer l'espoir que la nouvelle loi sur l'émigration modifiera la situation. Quant au ministre des affaires étrangères, il a reconnu qu'il avait rencontré des difficultés d'ordre juridique et diplomatique, lorsqu'il avait voulu intervenir. De sorte qu'il n'y a pas beaucoup à espérer de l'état présent des choses. Cependant les conditions de ces malheureux sont navrantes.

Les modèles s'étiolent dans des ateliers surchauffés, où pendant des heures ils gardent des poses ankylosantes. Quand ils vont chez les sculpteurs, ils sont forcés de se dénuder dans le froid et l'humidité des terres glaises et les draperies qu'on jette quelquefois sur leurs membres ne font qu'augmenter le frisson des parties découvertes.

Les petits mouleurs sont en réalité des vendeurs de marchandises achetées à la grosse qu'ils sont forcés de transporter, du matin au soir, dans des paniers retenus par une corde qui leur scie l'épaule.

Les verriers sont astreints à des travaux auxquels les mères françaises n'osent pas exposer leurs enfants. Passant constamment du four à l'établi, c'est-à-dire d'une température de 80° à celle de 20° et au-dessous, sortant dans la brume, la pluie et la neige, après avoir respiré l'air desséché de l'usine, ils ne résistent pas au-delà de six mois ou un an et meurent presque tous phtisiques ou tuberculeux.

Que dire de la nourriture ou du couchage? M. Duchesnel, juge de paix à Givors, dans un rapport cité par le marquis Paolucci s'exprime ainsi : « La base de la nourriture « de ces enfants est la soupe aux légumes et le pain ; à cela « il faut ajouter un peu de fromage et un peu de vin, mais « pas de viande. Voulant me rendre compte par moi-même « de la nourriture de ces enfants, je me suis rendu à la verrerie N... à midi, heure du repas des ouvriers, et j'ai « constaté que les enfants italiens qui y travaillaient n'a- « vaient pour leur diner qu'une soupe aux pommes de terre « et aux choux avec un morceau de pain et comme boisson « de l'eau. Le pain ne paraissait pas mauvais, mais la « soupe m'a semblé bien maigre et dépourvue de toute es- « pèce de matière grasse. » Et le marquis ajoute : « Mais la « description de M. Duchesnel remonte à l'âge d'or, parce « qu'aujourd'hui la nourriture de ces enfants est pire en core. »

Ce qu'il y a de certain, c'est que M. Duchesnel ayant fait dresser une liste de repas suggérés par un médecin de la localité comprenant 300 grammes de viande, 750 grammes de pain et 500 grammes de pommes de terre et représentant une dépense de 0.70 centimes voulut l'imposer aux entrepreneurs. Le résultat de sa démarche fut le départ de deux *padroni* qui s'en allèrent ailleurs à la recherche de magistrats moins exigeants. Cependant les enfants touchaient plus du double pour leur salaire !

Quant au logement, c'est en général une soupente ou le dessous de l'escalier qui accueille ces malheureux sur une mauvaise paillasse ou une caisse garnie d'un peu de paille. Ils sont là-dedans serrés les uns contre les autres, quelquefois à trois ou quatre sous une même couverture... quand il y en a une !

A ces misères, que l'on pourrait appeler normales, il faut ajouter les vexations de toutes sortes auxquelles sont exposés ces malheureux enfants.

Les vendeurs de statuettes travaillent à forfait et sont obligés de rapporter tous les soirs 4 ou 5 francs ; n'importe par quels moyens ils se les procurent. C'est pourquoi on les voit errer dans les rues jusqu'aux heures tardives de la nuit, espérant en la générosité d'un passant en goguette, ou pire encore, pour compléter la somme sans laquelle des coups l attendent à la rentrée.

Le marquis Paolucci a vu un petit avec des plaies au crâne causées par les statuettes que le *padrone* lui cassait sur la tête, lorsque la recette n'était pas suffisante. Un autre réfugié à l'Ambassade, avait une oreille à moitié détachée, un autre était frappé d'une corde à nœuds sur la peau nue.

Quand ils sont pris par la police pour cause de stationnement interdit, leur marchandise est confisquée et le patron se venge sur le malheureux enfant en lui faisant payer sa maladresse à coups de bâton.

On les accuse, aussi, de vendre des contrefaçons et d'abaisser le niveau de l'art par la diffusion d'objets grossièrement fabriqués.

A la suite de l'étude du marquis Paolucci sur les petits mouleurs la *Revue des Revues* fit une enquête sur cette double question et s'adressa aux personne compétentes : sculpteurs et critique d'art. Sauf une ou deux exceptions, tous se montrèrent indulgents, tant pour les atteintes au droit de propriété que pour le prétendu abaissement du goût. Je me plais à citer la réponse d'un maître, M. Auguste Rodin qui fait pleine justice de cette dernière accusation.

« Les petits mouleurs, dit-il, qui courent encore les rues
« et qui, dans mon jeune temps, se tenaient sur les ponts,
« m'ont vendu bien des moulages qui étaient toujours sous
« mes yeux, et me donnaient, avec l'instruction, une joie
« intense que je me rappellerai toujours : c'étaient des bas
« reliefs du Parthénon, des Vénus de Milo, beaucoup d'an-
« tiques, des Michel-Ange, des Nandinelli, des figurines
« d'Allegrain et des animaux de Barye. A Paris, dans des
« ateliers de jeunes gens, apprenant l'art industriel, des
« mouleurs venaient apporter cette éducation, ce musée
« restreint de leurs plâtres.

« Les Italiens sont utiles aux jeunes dessinateurs, étu-
« diants, à tous ceux qui font de l'art d'utilité qu'on appelle
« si mal de l'art commercial ou d'industrie. »

Le salaire des modèles est touché par les entrepreneurs, mais il est juste d'ajouter qu'ils vivent presque tous en famille, de sorte qu'il y en a peu qui sont exploités par les *padroni*. Quand aux petits verriers, leur existence est absolument épouvantable.

Malgré les règlements qui s'y opposent et malgré les dénégations des industriels, je puis affirmer que ces malheureux enfants sont employés à souffler le verre. Il y a quelques jours à peine, un hôpital des environs de Paris en recevait un, âgé de 13 ans, dont les joues s'étaient décollées par l'effort fait en soufflant. Un autre se meurt en ce moment, à Paris même, à l'âge de 18 ans, épuisé par le soufflage.

Et pourtant il existe une loi réglementant le travail des enfants et prescrivant des visites médicales pour reconnaître si le travail auquel les jeunes ouvriers sont astreints n'excède pas leurs forces,

Mais il en est des lois humaines, ce qu'on disait, il y a quelques jours, des découvertes chimiques. Les meilleures formules ne permettent pas de reconstituer un fil d'herbe, disait en substance M. Jules Lemaître en recevant M. Berthelot à l'Académie française. La meilleure des lois ne refera pas un méchant cœur, je me permets d'ajouter.

D'ailleurs le luxe de lois est souvent un obstacle à leur application, et si la loi protectrice des animaux a produit quelques bons effets, cela tient justement à sa simplicité ; car elle ne renferme qu'un seul article. Tandis que la loi pour la protection de l'enfance du 2 novembre 1892 en contient trente-deux, sans compter le règlement d'administration publique et les différents décrets qui sont venus la compléter. Si l'on y ajoute la loi du 22 avril 1851 sur le contrat d'apprentissage qui comporte vingt-deux articles, on arrive à cinquante-quatre dispositions législatives destinées à sauvegarder l'enfance.

Eh ! bien, il paraît que les autorités sont désarmées et qu'il n'y a pas moyen, dans l'état présent de la législation, d'empêcher les entrepreneurs de poursuivre leur triste besogne. Il y aurait pourtant un remède à cette situation et la chose nous paraît si facile que nous sommes étonnés qu'on n'y ait pas songé avant. Il suffirait de déclarer nul tout contrat passé entre les parents ou les tuteurs pour la location d'enfants destinés à un travail quelconque à l'étranger, lorsque le contractant n'exercerait pas lui-même le métier qu'il s'engage à apprendre aux enfants qui lui sont confiés.

Je suis persuadé que, si un comité se formait parmi les personnes compétentes des deux pays, il serait aisé d'arriver à une entente, et si le mal n'était pas absolument enrayé, il serait sans doute atténué dans une large mesure.

Le gouvernement italien a bien voulu, il y a quelques années, à propos d'une loi fiscale trop dure pour l'industrie française, donner satisfaction à une réclamation de la

Chambre de commerce française de Milan, en attendant les
dispositions de cette loi lorsqu'elle était appliquée aux
Sociétés commerciales constituées de ce côté des Alpes.
J'espère que le gouvernement français ne restera pas sourd
aux sollicitations que des hommes de bien lui adresse-
ront dans un but désintéressé de justice humaine.

Les Enfants traduits en justice

CONFÉRENCE

de M. Passez, Avocat à la Cour de Cassation

Mesdames,
Messieurs,

Je dois vous parler d'une catégorie d'enfants peu intéressante à première vue, mais qui, au fond mérite certainement de fixer votre attention : des petits vauriens, des prévenus, des malfaiteurs, bref, de tous ces petits enfants qui ont maille à partir avec la police.

Pourquoi, me direz-vous, chercher à nous intéresser à ces enfants-là quand il y en a tant d'autres qui réclament à plus juste titre notre sollicitude et notre commisération ?

Nous n'avons pas à nous préoccuper des jeunes malfaiteurs qui sont internés, de ceux qui tombent sous le coup de la justice répressive. S'ils sont malheureux ceux-là, c'est par leur faute, nous réserverons notre intérêt uniquement pour les enfants malheureux et innocents, qui sont en assez grand nombre pour servir de matière à notre pitié.

On ne s'imagine pas bien ce que c'est que ces enfants arrêtés par la police et traduits en justice. On a d'eux une idée généralement fausse et superficielle.

Je conviens que ce sont de petits vauriens et même, quelques-uns au moins de précoces malfaiteurs. Mais sont-ils toujours responsables de leurs mauvaises actions ? Sont-ils de grands coupables ? Sont-ils pervertis et corrompus assez profondément pour qu'on doive désespérer de les voir jamais se corriger et revenir au bien ?

L'expérience prouve au contraire que ces enfants sont le plus souvent victimes des mauvais traitements qu'ils reçoivent dans leurs familles, des **détestables** conseils qui leur ont été donnés, des entraînements **provoqués** par de mauvais camarades et de la faiblesse de leur caractère ; ce sont-là les causes de leur chute beaucoup plus qu'une perversité naturelle qui ne se rencontre que rarement.

Pour faire comprendre ce qu'est le plus grand nombre des enfants traduits en justice, je prends un exemple.

Un jour, un enfant avait été arrêté pour avoir brisé des verres de bec de gaz, et quand on lui demanda pourquoi il avait commis cette mauvaise action, il répondit tout naturellement :

— Eh bien, monsieur le juge, je les cassais pour que mon père eût de l'ouvrage.

— Que fait-il donc ton père ?

— Il est vitrier.

Le plus grand nombre des enfants traduits en justice ressemblent à cet enfant que je viens de vous donner en exemple. Donc, enlevez l'enfant à ce mauvais milieu, soustrayez-le à ces détestables conseils, à ces pernicieuses influences, placez-le dans un milieu sain et donnez-lui une éducation qui fasse fructifier dans son âme des principes de morale et de religion, inculquez-lui le goût du travail et vous verrez cet enfant qui paraissait si vicieux, si corrompu, recouvrer le sens du bien, rentrer dans la droite ligne, redevenir un honnête homme.

L'expérience de tous les jours le prouve ; mais comment soustraire ces malheureux enfants à leurs mauvais parents, à leurs détestables camarades, aux déplorables influences qui les entourent?

Un des moyens, je ne dis pas que ce soit le seul, est de les arrêter à leur première faute et de les mettre sous la main de la justice. C'est de la barbarie ! direz-vous.

Non ! c'est le salut pour ces enfants et voici comment.

L'œuvre de la justice à l'égard des enfants arrêtés n'est pas la même qu'à l'égard des adultes, des hommes faits, qui sont arrêtés pour avoir commis des crimes ou des délits. A l'égard des adultes, la justice doit être surtout répressive. elle peut chercher à les amender et à les reclasser ; mais il faut bien reconnaître que la tâche est difficile, quand il s agit d'hommes faits qui ont encouru peut-être déjà plusieurs condamnations ; le pli est pris. On ne redresse pas un arbre qui a déjà trente ou quarante ans d'existence s'il est déformé, s'il ne produit que de mauvais fruits, il est trop tard pour le greffer, il n'y a plus qu'à l'abattre et à le jeter au feu .

Mais il n'en est pas de même de l'enfant, qui comme un jeune arbrisseau peut être redressé par un tuteur, je veux dire par des éducateurs qui remplaceront par de bons principes les mauvais exemples et les pernicieux conseils qu'il a reçu dans son entourage et qui l'ont conduit à faire le mal.

Je le répète, lorsque l'enfant qui a commis un délit, est arrêté et traduit en justice, la poursuite dont il est l'objet peut être le point de départ de mesures qui assureront son sauvetage et le feront rentrer dans la bonne voie.

Il faut pour cela que les tribunaux comprennent que l'enfant coupable ne doit pas seulement être puni pour un méfait, mais qu'il doit être protégé contre lui-même et contre ceux qui, le plus souvent, l'ont poussé au mal, qu'il doit être élevé et corrigé.

Je ne suis pas de ceux qui pensent que l'enfant n'a pas la conscience du mal qu'il fait. La conscience de l'enfant existe, mais ne lui donne qu'une responsabilité limitée, parce que si l'enfant sait qu'il commet une mauvaise action, il ne se rend pas compte de la gravité des conséquences de sa faute.

Il faut donc lui dire : tu es coupable et comme tel, tu dois être puni. Mais la main qui te frappe est aussi prête à te relever. Elle te soutiendra pour t'empêcher de retomber et pour t'aider à redevenir un honnête homme.

Notre code pénal a compris que c'est bien là, la mission de la justice à l'égard de l'enfant coupable qui comparaît devant elle. Il donne aux juges le pouvoir d'acquitter l'enfant au lieu de le frapper d'une peine, de déclarer que l'enfant a agi sans discernement.

Mais comme il faut empêcher de nouvelles chutes, les auteurs du code pénal ont décidé que l'enfant ainsi acquitté sera envoyé en correction jusqu'à vingt ans.

Les juges ont donc reçu le pouvoir de prendre une mesure qui est beaucoup plus protectrice que répressive à l'égard des enfants coupables.

Ils peuvent, reconnaissant que l'enfant n'a qu'une responsabilité atténuée, éviter de lui appliquer la peine que son méfait aurait mérité et le soumettre à une mesure de correction, qui a sa sévérité, mais qui aura surtout pour effet de le soustraire à un détestable milieu, de lui donner une bonne éducation et de l'aider à revenir au bien.

C'est là un grand bienfait et les auteurs du code pénal ont indiqué très judicieusement aux magistrats les mesures à prendre à l'égard de l'enfant coupable.

Les magistrats, de leur côté, comprennent de mieux en mieux leur rôle et se conforment avec un soin de plus en plus grand aux intentions du législateur.

Ils ont renoncé presque complètement à infliger aux enfants arrêtés et traduits devant eux ces courtes peines qui avaient le résultat déplorable de pourvoir les enfants d'un casier judidiaire.

Les juges comprennent que l'intérêt de l'enfant commande de l'envoyer en correction, pour qu'il soit soumis à une éducation sévère qui le redressera.

Cependant, il faut reconnaître qu'ils ont à lutter contre un préjugé, auquel ils ne savent pas toujours se soustraire et qui existe contre les maisons de correction.

On a dit beaucoup de mal de ces établissements et beaucoup de personnes les considèrent comme des maisons où le jeune détenu achève de se corrompre et de se perdre.

Des écrivains ont contribué à répandre et enraciner ce préjugé contre les maisons de correction ; il est déplorable. Il vient de ce qu'on ne connait pas les maisons de correction. On s'en fait une idée fausse.

Vous avez justement ici, dans cette Exposition de l'Enfance, un moyen de rectifier vos idées à ce sujet; car on vous a montré dans une salle spéciale, par des tableaux, des graphiques et des ouvrages les résultats obtenus.

Si vous avez la patience et le loisir de vous arrêter devant ces tableaux et ces ouvrages confectionnés par les enfants détenus dans des maisons de correction, vous verrez qu'on leur apprend un métier, soit en les occupant à des travaux agricoles comme dans les colonies des Douaires, d'Aniane, du Val-d'Yères, et dans la maison de réforme de Saint-Hilaire, qui sont des établissements publics; soit en les faisant travailler dans une industrie comme dans la colonie privée de Bologne où on les initie à la coutellerie.

Même dans les colonies agricoles, comme aux Douaires, on les emploie à tous les travaux nécessaires aux besoins de l'établissement : menuiserie, serrurerie, forge, et à l'habillement des jeunes détenus : couture et cordonnerie.

On s'occupe en même temps de les moraliser par un enseignement moral et religieux. Il y a, dans les colonies publiques des instituteurs, qui font la classe, et des aumôniers, qui enseignent le catéchisme.

Vous verrez, si vous ne l'avez déjà vu, un tableau exposé par le Directeur des Douaires, indiquant le nombre des jeunes détenus qui ont fait leur première communion et reçu la confirmation dans l'établissement... Ce sont des résultats palpables.

D'autres résultats sont constatés par le nombre des engagements militaires contractés chaque année par les jeunes détenus qui ont l'âge requis.

L'engagement militaire est un puissant moyen de moralisation et de réhabilitation. Les résultats obtenus par la *Société de protection des engagés volontaires* dont le Président est M. Félix Voisin, conseiller à la Cour de cassation, est là pour en témoigner. Aussi, ne néglige-t-on rien dans les maisons d'éducation correctionnelle pour exciter les jeunes gens à s'engager.

J'ai vu, en visitant la colonie des Douaires, dans le réfectoire une plaque commémorative sur laquelle sont gravés les noms de ceux des anciens détenus qui sont morts sous les drapeaux, devant l'ennemi. Il y a là pour les enfants et les jeunes gens qui sont dans cet établissement un exemple destiné à éveiller dans leurs cœurs des sentiments d'honneur et de patriotisme. Aussi ne croyez pas, comme on l'a dit faussement, que les jeunes gens sortent des maisons de corrections aigris et en état de révolte contre la société.

J'ai pu lire beaucoup de lettres qui ont été écrites par les jeunes libérés au Directeur des Douaires. Je vous assure qu'elles sont touchantes et réconfortantes par les sentiments de reconnaissance dont elles témoignent envers l'homme plein de dévouement qui s'est donné la tâche de travailler au relèvement moral de ces pauvres enfants, et qui a réussi si souvent.

On a dit que la maison de correction inflige une tare à l'enfant qui y est interné. C'est inexact, comme le prouve le nombre des jeunes gens qui sont placés à leur sortie des colonies pénitentiaires, soit par les soins des Directeurs de ces colonies, soit par des sociétés de patronage qui continuent l'œuvre commencée dans ces établissements; car tout jeune homme à qui un travail est assuré, est sauvé définitivement.

. A côté des colonies publiques dont je viens de parler, il existe des colonies privées qui méritent d'être signalées et qui sont dignes de tous les encouragements. Mettray, fondé en 1839 par un conseiller .. la Cour de Paris, M. de Metz; Frasnes-le-Château, la colonie de Sainte-Foy et beaucoup d'autres; laïques ou religieuses elles rivalisent de zèle, en travaillant à la moralisation et au reclassement des malheureux enfants qui leur ont été confiés par la justice après une arrestation et une poursuite. Elles réussissent souvent, comme le pro 'o les résultats obtenus. Cependant, tout n'est pas encore parfait dans les maisons de correction ; il y a encore des progrès à réaliser. Il faudrait séparer plus complètement les jeunes enfants qui n'ont commis que de petits délits, qui ne sont ni vicieux, ni corrompus, et qui n'ont fait que céder à l'entraînement causé par de mauvais exemples et de pernicieux conseils; il y a à séparer, dis-je, les jeunes enfants des plus âgés. On arrivera à faire cette sélection en créant de nouvelles catégories d'établissements d'éducations correctionnelles, notamment, des écoles de préservation où seront placés les enfants jugés non vicieux et susceptibles d'être redressés facilement par une éducation très ferme en même temps qu'inspirés par des idées de morale élevée, à laquelle on enlèverait tout caractère pénitentiaire.

Mais, ce que je puis affirmer, c'est que dans l'état actuel, la maison de correction est supérieure à sa réputation, qu'on y a réalisé de grands progrès au point de vue du relèvement matériel et moral des enfants qui y sont détenus.

Elle vaut infiniment mieux que la mise de l'enfant dans la rue, conséquence trop souvent inévitable d'une ordonnance de non-lieu ou d'un acquittement pur et simple, ou que la remise de l'Enfant à de mauvais parents qui le laisseraient sans éducation et sans surveillance, quand ils n'empêcheraient son relèvement moral par leurs mauvais exemples.

D'ailleurs, l'œuvre des maisons de correction, soit privées, soit publiques, est complétée par celles des *Sociétés de patronage de jeunes détenus libérés*.

Ces sociétés se développent beaucoup depuis plusieurs années. Il en existe 43 répandus sous toute l'étendue du territoire français. Elles sont un auxiliaire précieux pour les magistrats qui considèrent que leur tâche n'est pas limitée à l'application d'un texte de loi pénale quand il s'agit d'un enfant traduit devant eux, mais qu'ils ont la charge et la mission de prendre à son égard les mesures les plus propres à assurer son relèvement moral, et à prévenir de nouvelles chutes.

La loi nouvelle du 19 avril 1898 permet aux magistrats de confier directement les enfants arrêtés pour un petit délit à des personnes charitables, à une société de patronage ou à l'Assistance publique, si l'enfant ne paraît pas vicieux, ni corrompu, lorsqu'il a été victime d'un mauvais milieu et entraîné par de mauvais exemples et de pernicieux conseils.

Lorsqu'il est probable qu'en enlevant l'enfant aux mauvaises influences et en lui faisant donner une bonne éducation, il se corrigera et deviendra plus honnête, le juge, qui s'est assuré de ces dispositions du jeune détenu, n'hésitera pas le confier à une de ces œuvres charitables qui existent maintenant en si grand nombre, soit pour les garçons, soit pour les filles.

Les juges, au lieu d'acquitter le prévenu purement et simplement, l'envoient en correction, en recommandant à une société de patronage de s'en charger immédiatement, après un temps de stage dans la maison de correction où il aura pu être observé et étudié et où on se sera assuré de son désir de se bien conduire à l'avenir.

Cette combinaison a l'avantage de laisser l'enfant sous le coup de l'envoi en correction, et de permettre à la Société de patronage, de le rendre à l'administration pénitentiaire, dans le cas où il ne se montrerait pas digne de la libération prononcée à son profit, afin de le placer.

Vous voyez que l'arrestation d'un enfant coupable, et sa mise sous la main de la police peuvent être le point de départ de mesures qui, associant les magistrats, l'administration pénitentiaire et les sociétés charitables dans une œuvre commune de sauvetage, assureront le succès de ces œuvres d'un caractère éminemment social.

Pour y réussir et assurer le salut de ces malheureux enfants, il y a encore des préjugés à vaincre, des mesures à suggérer; il y a surtout à veiller à ce que l'on persévère dans la voie de protection dans laquelle les tribunaux sont enfin rentrées.

L'opinion publique peut beaucoup pour obtenir ce résultat. C'est la tâche que se sont donnés les comités de défense des enfants traduits en justice qui existent maintenant en France, au nombre de 11, chiffre encore insuffisant.

L'opinion publique peut aider au succès de cette œuvre, en lui témoignant un grand intérêt qu'elle emprunte à l'importance qu'il y a lieu d'y attribuer et en encourageant les pouvoirs publics à continuer et à développer ce qu'ils ont faits pour le salut et la réhabilitation des enfants coupables qui, comme je vous l'ai montré, ne sont pas perdus irrémédiablement; qui peuvent, au contraire, redevenir d'honnêtes gens et d'utiles citoyens pour la France.

Sur l'assistance aux demi-orphelins

CONFÉRENCE

Par M. Gaufrès
Président de l'Orphelinat de la Seine.

M. Gaufrès commence par montrer sur un plan de l'Orphelinat de la Seine, à La Varenne Saint-Hilaire, les parties occupées par les jeunes pupilles garçons au nombre de quatre-vingts en ce moment, avec leurs classes, dortoirs, cour de récréation, etc. Il ajoute que les pupilles filles, au nombre de vingt-cinq, sont dans un établissement voisin, sous la surintendance du directeur de la maison des garçons. Le troisième groupe des enfants de l'Orphelinat est celui de soixante apprentis ou apprenties placés dans diverses industries, à Paris.

« Nos garçons vont à l'école publique jusqu'à 13 ans sonnés. A leur sortie ils font sans exception l'apprentissage d'un métier, ils ne sortent pas de nos mains sans en être pourvus. Quand je compare cela à ce qui se passe dans les familles ouvrières complètes, je trouve que nos enfants sont plus heureux que beaucoup de ceux qui ont père et mère.

Ceux-ci en effet apprennent illégalement ce qu'on leur enseigne à l'école, et très peu apprennent un métier sérieusement. Quelquefois des parents dont les enfants ont une douzaine d'années ou treize ans, s'imaginent qu'un travail dans un bureau est plus honorable qu'un métier, et que leur fils employé aura une bien meilleure position sociale que celui qui travaillera d'un métier manuel. Imbus de ces idées, des parents nous demandent leurs enfants et nous sommes obligés de les leur rendre. Ils deviennent des commis de bureaux ; mais c'est l'exception.

L'Orphelinat de la Seine n'a pas toujours été ce que je viens de vous dire. Il a commencé par être un établissement en quelque sorte révolutionnaire ; je suis fâché d'employer le mot, mais il est assez juste.

C'est pendant l'Année Terrible que l'établissement prit naissance sans même que nous sussions alors ce que nous faisions.

Dès les premiers jours du siège était arrivée dans les arrondissements du Nord de la capitale, et naturellement dans le 17e, que j'habitais, toute une masse de population rurale qui apportait bien ses dents, pour manger, mais rien de plus. Quelques citoyens, dont je fus, s'épouvantèrent de ce qui pouvait en résulter. Si le siège durait quelques mois, tous ces gens-là allait mourir de faim. Les municipalités ne pouvaient pas, avec leurs moyens ordinaires, avec bureaux de bienfaisance, suffire aux besoins extraordinaires qui se produisaient. Nous décidâmes alors avec une quinzaine d'amis, de nous réunir, de nous enquérir des besoins et d'essayer d'y porter remède. La municipalité du XVIIe arrondissement n'ayant pas le sou, on imagina de faire imprimer des papiers portant la mention : « Bon de chauffage, pain, vêtements, etc. », à payer après le siège. Au bout de quelque temps nous étions devenus très populaires. Néanmoins nous donnions le moins de bons possible ; nous contentant de secourir et soulager les misères les plus criantes, quand par exemple un homme ou une femme mouraient, et en ce moment on mourait beaucoup, laissant de malheureux enfants, on nous amenait ces petits orphelins. J'avais alors un établissement avec une grille sur la rue. On sonnait, la grille s'ouvrait, on faisait entrer deux ou trois enfants et l'on s'en allait. A la fin du second siège, nous avions ainsi une centaine d'enfants. Nous demandâmes la continuation de l'appui de la Municipalité, mais elle répondit : « Ce que vous avez fait est une bonne chose, mais nous n'avons rien à vous donner, débrouillez-vous. »

Mon ami Ferdinand Buisson, alors mon voisin et mon collaborateur se mit à chercher les moyens de nous tirer d'affaire et il le découvrit. Nous connaissions lui et moi un M. Prévost qu'on appelait Prévost jeune ; quoiqu'il eut alors 80 ans ; mais c'était la raison sociale de cet ancien commerçant. M. Buisson alla voir M. Prévost et lui demanda de prendre chez lui ceux de nos enfants que nous ne pouvions rendre à personne. Plus tard quand on pourrait on lui donnerait quelque indemnité. Il accepta. Nous lui confiâmes une trentaine de nos pupilles. Ces derniers furent emmenés par M. Prévost dans sa maison de campagne de Cempuis. Ce fut là l'origine de ce fameux établissement de Cempuis, devenu départemental, mais nous ne sommes pour rien dans les événements qui se sont produits depuis.

On convint donc de payer plus tard à M. Prévost pour chaque enfant la somme annuelle de 250 francs, comprenant : entretien, vêtements, institution des enfants, et telle fût l'origine de notre orphelinat. L'intérêt qui nous guidait alors, intérêt moral et social, n'a malheureusement pas diminué, comme j'essaierai de vous le montrer ; mais il était à cette époque absolument criant.

L'établissement ainsi créé, il fallut lui trouver un Président pour l'œuvre. Mes amis choisirent l'historien national, Henri Martin, dont tout le monde connaît la grande œuvre historique. Il trouva le concours d'un apôtre, M. de La Hautière, décédé depuis.

Bien que le nombre de nos enfants fut limité, nous avions
grand besoin d'argént et nous en cherchions de tous côtés.
M. de La Haútière, qui habitait aux environs de Courbe-
voie, se fit quêteur pour la Société ; en chemin de fer, il
parlait à ses compagnons de route, les intéressait, obtenait
leur adhésion. Il nous apporta une fois celle de Renan.
L'argent arriva bientôt en assez grande abondance pour
nous permettre d'envoyer d'autres enfants à M. Prévost.

Plus tard, nous voulûmes avoir nos pupilles à Paris. Il
y avait comme aujourd'hui des filles et des garçons, sur
tout des garçons ; nous en formâmes des garderies, con-
fiées à des mères de familles qui se chargeaient chacune
d'un certain nombre. Le système eut des inconvénients ;
nos gardiennes n'avaient pas toutes l'aptitude nécessaire,
et nous avons fini par nous concentrer dans un établissement principal, celui que je viens de vous montrer, et où
nous sommes installés dans de bonnes conditions ; les filles sont dans son voisinage et sous le contrôle de son directeur.

Pour vous donner une idée de l'importance des dons qui
nous ont été faits, je dirai que depuis le début de notre Œuvre, nous avons reçu, soit en souscription, soit en dons et
legs environ deux millions, plus exactement 1,875,000 fr.,
avec lesquels nous avons élevé 670 enfants, sans compter
ceux du siège. Telle a été la marche de notre Orphelinat.

Parmi nos souscripteurs, il y en a eu de célèbres : je cite
de mémoire, Victor Hugo, Sadi Carnot, nombre d'amis politiques de M. Henri Martin, Louis Blanc, Schœlcher, Victor
et Jules Guichard, je ne sais combien de sénateurs, de députés, de ministres ; bref, au point de vue de la gloire, nos
souscripteurs nous en ont apporté beaucoup et pas mal
d'argent. Dans les premiers temps surtout il ne se passait
pas de réunion du comité que nous n'eussions à enregistrer dix, vingt, cinquante souscriptions nouvelles. Vous
comprenez facilement pourquoi ; nous sortions du siège et

nous venions dire avec Henri Martin : « Plus de guerre
étrangère, plus de guerre civile ; après les épouvantables
catastrophes de la Commune, notre premier devoir est de
sauver les enfants ». Notre appel, ajoutions-nous, s'adresse
à tous, orphelins par l'abandon comme par la disparition
des parents ; orphelins de la guerre étrangère comme de la
guerre civile, aidez-nous à les élever dans le fraternel asile
que nous ouvrons. Les âmes alors étaient émues, troublées;
elles s'ouvraient à notre appel. Tel fut notre premier succès:
en voici un autre et c'est une grande joie que de pouvoir
assister des détresses lamentables, de venir en aide à des
mères chargées de trois, quatre, cinq enfants, surtout
quand cette assistance réussit et que presque toutes les ten-
tatives sont heureuses. C'était la plus difficile, car ces enfants, beaucoup d'entre vous les connaissent bien. Ce sont
fils de gens très pauvres, trop occupés, manquant d'administration dans leur ménage, n'ayant pas toujours le nécessaire, buvant parfois beaucoup. Ces enfants avaient donc
des tares héréditaires ; ils eussent été perdus en restant
dans leur milieu; or, ils ont tous ou presque tous bien tour-
nés et sont devenus de braves gens. Il n'y en a pas 30/0 qui
aient échoué dans les carrières où nous les avons guidés.
Vous allez voir pourquoi.

Nos enfants vont à l'école, mais l'école terminée tout n'est
pas fini pour eux. Ils sont répartis en études où l'on veille
à ce que les leçons soient apprises pour le lendemain et les
devoirs faits. Ils retournent donc à l'école armés pour la
classe mieux que la plupart de leurs camarades des familles complètes. Nous formons ainsi en général de bons élèves et à la fin de l'année scolaire, à la Varenne-Saint-
Hilaire, nous remportons tant de prix, que beaucoup de
mamans des autres enfants de l'école municipale en éprou-
vent de la jalousie.

De même pour l'apprentissage. Dans les familles ouvrières, l'enfant est presque abandonné à lui-même sous ce

rapport, dès qu'il a 13 ans. Le père ne sait quel conseil donner ; il doit en général en savoir moins que son fils et il a d'autres soucis en tête. L'enfant fait donc à peu près ce qu'il veut ; il passe d'un apprentissage à l'autre, changeant tous les deux ou trois mois. Au bout de quelques années, il devient ce qu'il peut. Ne sachant que faire à l'issue du service militaire, il fréquente les asiles de nuit, et devient un déclassé, si ce n'est quelque chose de pire.

Les nôtres ne font pas des déclassés ; la plupart sont d'excellents sujets, quelques-uns arrivent à des positions très enviables. C'est ainsi que deux de nos anciens pupilles sont maintenant nos collègues dans le Conseil d'administration de l'Orphelinat. L'un d'eux, dans une grande administration, a devant lui un bel avenir. L'autre, après avoir été apprenti-ouvrier, associé dans la même maison, en est aujourd'hui le chef. Un autre à qui nous avons fait prendre l'état de graveur, perdit son patron pendant qu'il accomplissait son service militaire, mais ce patron lui laissa tout son matériel ; il retrouva la clientèle et travailla avec succès.

Nous en aurions bien d'autres à citer. Tel pris dans le plus complet abandon, après avoir été toujours excellent élève, obtint une bourse à l'école J.-B. Say ; de là, il passa à l'école des Arts-et-Métiers, de Châlons, puis dessinateur, dans la Maison Gouin, avec de bons appointements ; il a été préposé à la direction d'un pont, et nous venons d'assister, il y a deux mois, à son mariage avec une jeune fille de très bonne famille.

Enfin, il y a tel de nos anciens pupilles qui cultive les *Muses* et prend part aux délibérations du Congrès des Poètes. Notre prochain rapport donnera un de ses poèmes... Nous avons donc élevé un poète.

Voilà, messieurs, ce que nous faisons, sans ombre d'esprit d'exclusivisme. Nous ne nous occupons pas de divergences religieuses. Nous ne sommes pas une école puisque nous envoyons nos enfants à l'école; nous ne sommes pas davantage une église et nous envoyons ceux de nos orphelins à l'église du choix de leurs protecteurs, ou même à aucune. Nous sommes une sorte de plaque tournante pour suivre la direction que les familles veulent imposer aux enfants à cet égard; mais nous pensons que lorsque nous parlons à ces enfants de bonté, de travail, de justice, de devoir, nous leur disons quelque chose qui touche à la religion, qui en est peut-être l'essentiel. Et ces enfants savent faire leur devoir; il y en a qui, âgés de 15 à 16 ans, entretiennent avec leur salaire de 3 à 4 fr. par jour, une mère malade ou infirme, et nul de vous ne leur refusera pour ce fait un témoignage de sympathie et d'estime.

Vous me direz : Puisque vous êtes satisfait de votre œuvre et que vos désirs sont réalisés, que demandez-vous davantage ?

Nous demandons beaucoup plus ! Nous avons fait depuis longtemps cette remarque que, à chacun des tournants de notre route, la perspective change et l'œuvre est à modifier ou à agrandir.

Ainsi nous avions cru ne fonder qu'une œuvre d'assistance temporaire et volante et nous nous sommes trouvés fonder un Orphelinat. Cet Orphelinat organisé s'est trouvé n'être que ce qu'on peut appeler un demi-orphelinat, puisque sur nos 160 enfants il y en a bien une quarantaine qui sont orphelins, mais 120 ont un père ou une mère. Or, la pratique de ces enfants nous a appris combien eux et leurs pareils sont exposés au point de vue moral.

Quand un enfant n'est pas suivi en effet au temps de l'école, quand personne ne s'inquiète de savoir s'il va réellement en classe, et qu'une signature demandée au voisin peut lui éviter toute punition, quand un enfant en un mot reste dans la rue, il prend de telles habitudes, il y est en proie à de tels dangers qu'il est moralement perdu d'avance. Il existe aujourd'hui un tel-laisser aller moral, il s'étale dans nos rues des s   tellement honteux que l'on ne peut pas y séjourner sans y voir de choses honteuses. Le fils d'une veuve, d'une fille-mère, d'un jeune frère, d'une grande sœur, le petit-fils d'une grand'-mère, obligées à lui laisser trop d'indépendance, sera beaucoup plus exposé à entrer dans la mauvaise Voie que l'enfant n'ayant absolument personne, le véritable orphelin, ordinairement recueilli et protégé.

Les enfants auxquels nous avons à faire sont donc extrêmement exposés au point de vue moral ; c'est parmi eux que se forme cette armée de jeunes coupables dont les exploits se lisent dans les journaux ; c'est à eux que l'on peut attribuer l'augmentation de la criminalité infantile constatée depuis quelques années par tous les spécialistes. Aussi regrettons-nous vivement de ne pouvoir recueillir un plus grand nombre de ces malheureux enfants, car sur les 700 que nous avons élévés, quelques-uns seulement n'ont pas marché droit. La proportion est faible, 30/0 peut-être et vous voyez quel service nous avons déjà rendu à la Société.

Ce qui est vrai pour nous est vrai aussi pour les autres. Ce ne sont pas malheureusement les seuls enfants admis à l'Orphelinat de la Seine qui soient exposés à mal tourner en restant dans leur famille incomplète. Ce sont tous ceux qui, dans la même situation ne sont pas surveillés, pas suivis. Or, savez-vous combien il y en a approximativement ?

J'ai eu la curiosité de rechercher dans les statistiques de la Ville de Paris le nombre de veufs et de veuves avec enfants ; il y en a plus de 20.000 dans la capitale, et je suis convaincu que si on estime à 50.000 le nombre de ces enfants qui sont en danger moral, on se trompe plutôt en atténuant le mal qu'en l'exagérant.

J'ai prié un directeur d'école de mon voisinage de vouloir bien examiner qu'elle était la composition de ses classes au point de vue qui nous occupe, c'est-à-dire de rechercher discrètement quels étaient les enfants qui manquaient de surveillance à domicile. Il a fait ce travail qui a été lu à une délégation cantonale et la constatation a été à peu près celle-ci :

« M. Gaufrès se trompe ; il y a bien plus d'enfants sans surveillance qu'il ne le croit. Il y a bien dans mon école 15 à 20 enfants fils de veuf et veuve, mais il y en a un bien plus grand nombre qui ont des pères ou des mères, mais si détestables qu'il serait préférable qu'ils n'en n'eussent pas du tout. »

L'un de ces enfants a tenté il y a quelques mois, d'assassiner une femme. Il n'a que 11 ou 12 ans. Les journaux en ont parlé.

Si vous multipliez les chiffres de mon voisin le Directeur de l'école par le nombre d'écoles de Paris, vous voyez quel nombre de malheureux enfants en péril moral vous trouvez. En province il y en a certainement autant, beaucoup plus même et je crois que nous pouvons sans exagération estimer à plus de 100.000 le nombre des enfants à qui manque chez eux la surveillance indispensable.

Il faudrait absolument remédier à ce mal affreux et honteux, mais comment faire ? En France il y a environ 130.000 enfants assistés, et, à l'origine de cette assistance on trouve le grand nom de Saint-Vincent de Paul, comme au seuil de l'organisation de cette assistance se trouve le fait important de la Révolution française. Ces enfants placés généralement chez des paysans deviennent le plus souvent de bons sujets. A cette catégorie de l'assistance officielle il faut ajouter l'assistance privée, religieuse ou laïque, qui recueille environ 80.000 enfants. Au total il y a donc 210.000 enfants que l'on peut considérer comme protégés c'est un bel effort, très honorable pour notre pays.

Comment s'y prendre pour venir au secours de cette nouvelle misère de nos 100.000 jeunes clients ? Comment parer à ce danger, comment accomplir l'œuvre non pas seulement d'assistance mais de préservation morale ?

J'ai pensé à l'école. Sans entrer dans le détail du projet que j'ai rêvé, je voudrais qu'à la tête de chaque école il y eut comme une sorte de conseil de famille, c'est-à-dire 4 ou 5 personnes voulant s'intéresser aux enfants sans surveillance, s'occuper d'eux, leur donner une part de leur cœur, je suis assuré que leur peine ne serait pas stérile. Dans ce cas, les établissements comme l'Orphelinat de la Seine auraient seulement pour mission de recueillir ceux des enfants qu'il faudrait déplacer, changer de milieu, traiter et surveiller à part.

Une délégation cantonale de Paris a pris ma proposition en considération et a décidé de faire une tentative. Dans son arrondissement, grâce au concours dévoué de son inspecteur primaire, des conseils de famille scolaires sont déjà formés. Nous verrons ce que donnera cet essai. Mais quelque intérêt que j'attache aux initiatives scolaires, il y a quelque chose que je trouve meilleur encore, il faudrait qu'il surgisse un grand cœur pour accueillir l'idée, pour la développer qu'un nouveau Saint-Vincent de Paul se rencontrât pour la protection des enfants négligés livrés à eux-mêmes, des demi-orphelins ; un homme jeune qui aurait du loisir et voudrait consacrer sa vie à quelque chose qui vaut la peine qu'on vive ; il se donnerait là un but magnifique.

Un des éléments de cette protection commence à s'organiser. Vous connaissez les patronages, les œuvres post-scolaires ; on pourra les utiliser, et il y aurait peu de chose à faire pour que le dimanche, le jeudi, quand les enfants des écoles sont laissés à eux-mêmes, ils fussent accueillis et pussent se retrouver sans être en danger de se perdre.

Mais ce qu'il faut d'abord, ce qu'il faut surtout c'est le nombre.

Nous avons déjà eu bien des succès, notre œuvre a suscité des imitations nombreuses, un mouvement en faveur de la protection de l'enfance se développe puissamment et ça et là déjà on nous cite en modèle.

Il y a quelques années des membres de la municipalité d'Orléans nous ont demandé des directions pour la création d'Orphelinat et plus récemment le Conseil général des Bouches-du-Rhône a demandé au Ministère de l'Intérieur quels étaient les meilleurs établissements pour la protection de l'enfance. Le Ministère a répondu en citant avec *un* autre, l'Orphelinat de la Seine. Nous avons donc toute satisfaction à ce point de vue ; mais nous voudrions davantage. Le philosophe américain Ralph Emerson a donné ce conseil pratique : « Attache ton char à une étoile » nous trouvons l'avis bon. Nous attacherons notre char à une étoile, à une idée, celle du salut général des demi-orphelins et si pour son triomphe il faut un grand cœur, un apôtre, il faut surtout de nombreux adeptes, une armée de braves gens qui veuillent assurer le salut. Si aujourd'hui par ce long exposé, j'ai pu grossir le nombre de ceux qui s'intéressent à l'œuvre et à l'idée générale, je crois que je n'aurais pas perdu mon après-midi.

L'Enfant pauvre dans la société

CONFÉRENCE

de Mme Jeanne Leroy

Messieurs,
Mesdames,

Malgré le titre un peu solennel de cette causerie, ne croyez pas que je vienne à vous en qualité de sociologue. Ce serait, de ma part, une prétention très ridicule, attendu que beaucoup, parmi ceux qui me font l'honneur de m'écouter, en savent infiniment plus que moi. Mais les circonstances m'ont mise assez souvent en contact avec l'enfance malheureuse, et je voudrais vous faire partager, dans une certaine mesure, l'impression que j'en ai ressentie — impression de femme, ou mieux de maman bien plus que de savante.

Vous le voyez, ce sera très simple ; et pourtant, je réclame toute votre indulgence, parce que c'est la première fois que je prends la parole en public. Heureusement la cause est, par elle-même, très sympathique et il n'est pas besoin de grands talents oratoires pour la présenter et la faire admettre.

Tous, vous vous rappelez la joie, l'orgueil ému avec lesquels vous avez accueilli la naissance de votre premier-né. L'admiration... intransigeante des grand'mères, la sympathie radieuse de la famille, les félicitations venant de toutes parts: ce sont des choses qu'on n'oublie point parce qu'elles sont les plus douces qui existent

A ce moment, vous auriez peine à vous imaginer que cet évènement qui vous causait à vous tant de bonheur était pour d'autres une source de graves inquiétudes, de soucis, de chagrin..., que l'enfant, si choyé par vous, était ailleurs regardé avec ennui, avec hostilité même..., non que le père et la mère fussent méchants, mais bien plutôt parce qu'ils étaient très malheureux.

N'est-il point navrant de songer que, dès le premier souffle et avant même qu'ils soient au monde, de pauvres êtres sont voués à la souffrance, qu'ils sont des *miséreux-nés* de par l'inconduite, la maladie ou l'extrême pauvreté de leurs parents.

Pénétrons dans quelques-uns de ces intérieurs où l'arrivée d'un nouveau petit hôte apporte le souci.

Dans la chambre propre, rangée, presque coquette, le père est assis, la tête basse. Les démarches officielles sont faites, la fièvre de l'action passée, maintenant il réfléchit. Cet enfant qui vient de naitre est le cinquième, comment fera-t-on pour l'élever? Lui est bon ouvrier: sa quinzaine il la rapporte intacte au logis et sa femme — une bonne épouse et une excellente mère — en tire le meilleur parti possible. Mais l'argent s'éparpille vite en miches de pain, en petites robes, en petits souliers !... Comment va-t on faire avec un enfant de plus? Il n'ose pas dire un de trop... Avec cela, l'ouvrage devient mauvais; ce n'est pas que les salaires aient baissé, seulement ils sont devenus instables..., les mises en congé provisoire se multiplient, la crainte du chômage hante les travailleurs... Et puis le terme approche, l'hiver s'annonce rigoureux... La femme est giletière

c'est un bon métier, mais elle ne l'exerce que par intermit-
tence quand les petits lui en laissent le loisir..., et la voici
de nouveau arrêtée..., pour combien de temps...?

Elle, qui devine l'inquiétude de son homme, essaie de le
remonter. Voyons, un peu de courage... les enfants grandissent... l'aîné est déjà en apprentissage, les autres sui-
vront de près... Encore un peu de misère et les bons jours
reviendront...

— Ah! ce ne sera pas trop tôt!

C'est tout ce que le père trouve à répondre. Plus vite
abattu parce que sa responsabilité est plus grande, il a du
mal à partager l'optimisme de sa compagne. Mais pour ne
pas lui faire de peine, il prend dans ses bras le nouveau-né
qu'elle lui présente et, avec une tendresse où il entre beaucoup de pitié :

— Pauvre petit, murmure-t-il, tout de même ce n'est
ta faute!

Eh bien, je vous demande s'il n'est pas équitable, pru-
dent même, d'aider un peu ces braves gens. Songez! ils
sont à la merci d'un arrêt de travail, d'une maladie du
père. Il s'en faut de rien qu'ils entrent dans la voie des
dettes — voie fatale d'où l'ouvrier ne sort guère —, qu'ils
deviennent des nécessiteux; et de la classe des nécessiteux
à celle des pauvres chroniques, le pas est vite franchi. La
collectivité a donc intérêt à secourir momentanément cette
famille pour éviter que dans un jour prochain, elle ne
tombe tout à fait à sa charge.

Les remèdes sont nombreux et divers, depuis les *Sociétés de Prévoyance* et de *Mutualité maternelles* jusqu'à
l'adoption complète des infortunés marmots. Tout dépend
de la situation et du caractère des assistés.

Ici la dignité est encore intacte, et il faut se donner en
garde de l'entamer. Mais il y a des formes d'assistance qui
n'entraînent aucune humiliation. Ceux des enfants qui
sont à la période scolaire devront largement bénéficier de

la cantine et du vestiaire des écoles. De plus, il faut que les personnes charitables avec lesquelles cette famille se trouve en contact d'une manière ou d'une autre — peut-être les chefs du mari, peut-être les dames patronnesses de la crêche ou le poupon sera placé ; je n'ose pas dire les instituteurs et les institutrices parce que, dans les grandes villes, au moins, ils ont beaucoup de charges et très peu de ressources, pourtant leurs indications serait bien précieuses — il faut, dis-je, que des âmes bienfaisantes surveillent la situation, toutes prêtes à intervenir si elle s'aggravait. Mais cette surveillance doit s'exercer de la façon la plus discrète, sans même que les intéressés en aient conscience. Certains ont une fierté, une délicatesse qu'il faut respecter ; certains autres, au contraire, prennent trop aisément l'habitude de compter sur autrui. Voici des cas où les *Sociétés de Prévoyance et de Mutualité maternelles* rendent de signalés services. Il faudrait que le jeune ménage en s'établissant, s'attende à la venue probable d'enfants, qu'il se dise que la mère alors aura besoin d'un long repos, que l'intérêt de l'enfant exige l'allaitement maternel, que tout cela n'ira pas sans une augmentation de dépenses et qu'il y faut pourvoir. Ces sociétés sont trop peu répandues ; elles devraient être encouragées et largement subventionnées par les syndicats et les communes dont, en définitive, elles diminuent les charges tout en maintenant la dignité et l'indépendance des sociétaires.

Et puis, enfin, quand la bienfaisance et la mutualité font défaut, c'est à l'État d'intervenir. Les familles ouvrières ne peuvent pas élever un grand nombre d'enfants, l'État doit les y aider.

Au *Congrès international d'assistance publique et de bienfaisance privée* qui s'est tenu à Paris l'année dernière et où, sous la présidence de M. Casimir Périer, on a fait, sans bruit, d'excellente besogne. M. Émile Rey, député du Lot, a présenté un très intéressant rapport sur la *nécessité de l'assistance aux enfants des familles ouvrières nom-breuses* et ses vœux ont été acclamés par la section toute entière.

Voici en quels termes excellents M. Henri Monod, direc-teur de l'Assistance publique, s'exprime à ce sujet : « Ce « n'est pas une aumône qu'il faut à de telles familles, ce « n'est pas un banal secours du Bureau de bienfaisance ; « il faut une organisation telle que la collectivité contribue « à l'éducation de leurs enfants pour la part qu'il leur est « impossible de fournir elles-mêmes : c'est son devoir, c'est « son intérêt.

Maintenan , descendons un degré dans l'échelle sociale. Ici, bien qu'il ne s'agisse que du second enfant, la situation est plus sombre. Le chef de famille n'est pas un bon ouvrier comme l'autre. Un méchant homme ?... non, un alcoolique ?... non encore. Mais, c'est un grincheux, un de ces éternels mécontents qui ne peuvent se tenir nulle part. A l'entendre, tous les ateliers qu'il a fréquentés sont des *boîtes*, et il en change perpétuellement sans jamais en trouver un qui lui convienne, Quelquefois, ce sont les patrons qui le renvoient parce que son mauvais caractère peut avoir une influence dangereuse sur ses camarades. Il est devenu ce qu'en terme de métier on appelle un *rouleur*, un de ces ouvriers qu'on embauche à la cloche, dans un coup de presse, avec l'intention de se débarrasser d'eux le plus vite possible.

Il passe la moitié de son temps à chercher de l'ouvrage ; cette battue continuelle du pavé ne va pas sans de longues stations chez le marchand de vin, et si notre homme n'est pas encore un ivrogne professionnel, du moins il tend à le devenir.

Ou bien, c'est un de ces malades chroniques qui traînent d'hôpital en hôpital, travaillent quinze jours, puis retom-bent jusqu'au moment où ils ne se relèveront plus. Les tuberculeux fournissent à cette catégorie un appoint considérable.

Dans l'une ou l'autre circonstance, la situation est la même : la femme est, autant dire, seule pour faire face aux besoins du ménage. Or, ceux qui ont touché, de près ou de loin à la question ouvrière, savent que, dans la majorité des cas, c'est une chose impossible.

La pauvre créature est là, exténuée de fatigue et de privations. Elle a travaillé jusqu'à la dernière minute et elle songe déjà à reprendre sa chaîne. Poussée par une nécessité impitoyable, elle se lèvera trop tôt et, dans un temps plus ou moins long, mais à peu près sûrement, elle reviendra échouer à l'hôpital avec une de ces terribles maladies qui estropient les femmes quand elles ne les tuent pas.

Son lait, naturellement, se ressentira de la vie qu'elle mène, et le poupon, mal nourri, insuffisamment soigné, est un candidat à l'athrepsie meurtrière.

Pour cette famille, l'assistance doit être plus active, plus suivie que pour la première. La barque est à la dérive ; si une main énergique et bienfaisante ne s'empare pas du gouvernail, elle est irrémédiablement perdue. Peut-être, objectera-t-on, que ce serait là un encouragement aux mauvaises dispositions du père ! Mais la femme et les petits, eux, sont intéressants, faut-il donc qu'ils soient victimes de fautes qu'ils n'ont pas commises ? Il y a des œuvres spécialement destinées à la maternité et à l'enfance pauvres, ce sont elles qui devront intervenir.

La *Charité maternelle* assistera la mère jusqu'à son entier rétablissement ; la *Société protectrice de l'Enfance* s'occupera du nouveau-né, veillera à ce qu'il soit alimenté et vêtu comme il convient ; au *Vestiaire des Enfants pauvres* on ne se contentera pas d'habiller le poupon, on habillera encore ses frères et sœurs et l'on fournira à la mère du travail à domicile ; l'*Allaitement maternel* pourvoira aux besoins matériels des mères-nourrices ; la *Goutte de lait* offrira à celles qui sont dans l'impossibilité de nourrir elles-mêmes, un aliment qui mettra le poupon à l'abri de l'entérite, si cruelle aux tout petits ; les *Consultations gratuites de nourrissons* fondées par M. le professeur Budin, sont là pour le contrôle et la défense d'une frêle santé que tout menace ; la *Crèche* les accueillera, les veillera, les soignera, permettant ainsi à la mère de tenir son ménage et de travailler sans inquiétude... Combien d'autres œuvres encore exerceront leur action bienfaisante et que je ne puis nommer !... elles sont trop !.. Malheureusement il y a plus de misères encore, c'est pour cela que toutes ne peuvent être soulagées.

Descendons encore un échelon. Cette fois la situation est franchement lugubre et je ne pourrai jamais oublier la visite que je fis un jour d'hiver dans une impasse du quartier de la Roquette.

Le logement se composait d'une pièce unique, une mansarde si étroite et si basse qu'on ne pouvait faire trois pas sans se cogner la tête ou les coudes. Dans le lit où il ne restait qu'une paillasse et une mince couverture, la mère était couchée. Afin qu'elle eût moins froid, on avait entassé sur ses pieds tout ce que le logis contenait de vêtements disponibles. A côté d'elle, le nouveau-né gémissait d'une petite plainte intermittente dont elle ne paraissait même pas avoir conscience. Cet enfant était le neuvième; six, il est vrai étaient déjà morts de faiblesse congénitale, de rachitisme, de tuberculose précoce.

Assis par terre, tout près de cette couche misérable, comme si la maternité ne pouvait jamais perdre complètement son privilège d'amour et de protection, un bambin de trois ans restait immobile et silencieux. Comme je m'informais d'un autre garçonnet de huit ans, la mère me répondit avec indifférence qu'il était dehors, sans doute à vagabonder *selon son habitude.*

Enfin, et ceci me semble la dominante dans cette horreur,

sur le lit de sangle où couchaient les deux petits garçons, un ivrogne dormait, d'un sommeil coupé de ronflements et de hoquets.

Le désordre et la malpropreté qui régnaient dans cette pièce défient toute description. Il faut croire que les microbes ont leurs heures de clémence. Pourtant la charité avait pénétré dans cet intérieur lamentable : il y avait du feu dans le poêle et le poupon était emmaillotté chaudement.

La misère atteint là son maximum d'abjection ; la barque fait eau de toutes parts ; il n'y a plus qu'à tenter le sauvetage des naufragés qui le méritent, et, dans l'espèce, ce sont les enfants.

Élevés sans surveillance et sans soins, avec une hygiène pitoyable, une alimentation insuffisante et défectueuse, avec la révolte des mauvais traitements injustifiés, les promiscuités, les fréquentations les plus corruptrices, nous les retrouvons plus tard à l'hôpital, dans un carcan de plâtre, atteints d'une de ces effroyables tuberculoses osseuses qui font tant de petits martyrs... Nous les retrouvons sur les bancs de la correctionnelle... qui sait ?... plus loin peut-être, car il faut s'attendre à tout avec ces tristes produits de la débauche et de l'alcool.

Il faudra donc guetter une occasion qui permette de les soustraire à leurs parents indignes, soit pour cause de sévices graves ou de mauvais exemples trop accentués, soit qu'une circonstance quelconque puisse les faire déclarer en « danger moral », soit que l'enfant lui-même ait commis quelque délit. Alors interviendront le *Patronage familial,* la *Ligue fraternelle des Enfants de France,* le *Patronage de l'Enfance et de l'Adolescence* ou quelque œuvre similaire ; et si l'enfant est encore jeune, il sera sauvé presque certainement. C'est une chose navrante à constater, le salut de ces pauvres petits doit sortir de l'excès même de leur misère,

Maintenant, il me faut parler des enfants qui, à la pauvreté et à l'abandon, joignent encore l'irrégularité de leur
état-civil — circonstance qui fait d'eux des parias et toute
la vie, leur sera une source de douleur morale.

Je n'ai pas l'intention de traiter ici la question des filles-
mères, mais je ne perds jamais l'occasion de réclamer
pour elles un peu d'indulgence et de pitié. Nous ne sommes
pas si sévères pour certaines femmes du monde que nous
savons n'être pas irréprochables ; elles ont pourtant bien
moins d'excuses.

Songez, l'épouse a des enfants, des amis, un foyer,
c'est-à-dire des joies et des devoirs de toute nature qui, le
cas échéant, peuvent faire contrepoids à la tentation ; mais
elle, la pauvre fille, souvent exploitée par sa famille, bous-
culée ou dédaignée par ceux qui l'emploient, qu'elle soit
ouvrière ou domestique, sans affections, sans caresses, est-
il donc si extraordinaire qu'elle succombe ? Parce qu'étant
plus isolée, plus malheureuse, elle a davantage besoin
d'amour, nous lui faisons un crime plus grand d'aimer.

Je voudrais que ceux qui les condamnent impitoyablement entendissent la moitié des confidences que j'ai entendues, et que j'entends encore chaque jour : ils seraient plus
miséricordieux.

Je voudrais surtout voir pénétrer ce sentiment en des
âmes très bonnes, très charitables d'autre part, mais dont
les idées sur la morale et la religion sont un peu... intran-
sigeantes. Elles se sont habituées à voir dans la maternité
hors la loi, un péché, une faute grave ; eh bien, j'admets
avec elles que la faute existe, mais s'il n'y avait jamais de
fautes commises, le pardon n'aurait plus sa raison d'être ;
or, c'est une chose si douce le pardon pour celui qui l'accorde
comme pour celui qui l'obtient, si douce que tout le monde
le regretterait s'il venait à disparaître. Le Christ fut toujours clément aux pécheresses de l'amour, et il faut suivre

son exemple. Et, tout ce que l'on pourrait dire à ce sujet se résume dans cette belle parole de Saint-Vincent de Paul : « La charité doit ouvrir les bras et fermer les yeux. »

Mais, laissant de côté les exigences de la morale et de la religion, rappelons-nous que la flétrissure de la mère retombe lourdement, cruellement sur la tête de l'enfant et que lui, n'a rien fait pour être châtié. Quand plus tard, la société exigera son travail et peut-être son sang, je voudrais bien savoir qui s'inquiétera de son état-civil?

Et pour elle, la mère, croyez-vous que l'expiation ne soit point plus que suffisante? La voyez-vous, le cœur tout meurtri par l'abandon qui, dans la majorité des cas, est son lot, avec la honte en perspective, la crainte angoissante de l'avenir, et, jointes à cela, les souffrances physiques auxquelles nulle n'échappe et qu'elle doit dissimuler?... faut-il tant s'étonner si elle songe parfois à supprimer ce petit être qui est la cause innocente de son malheur?

Mais qu'une chance heureuse mette sur son chemin une âme compatissante, qu'on lui offre secours et protection et vous la verrez se raccrocher à l'espoir, penser avec plus de douceur à cet enfant qu'on lui représente comme une source de joies futures, de régénération. Qu'elle ne se sente plus maudite et elle ne sera plus tentée d'être criminelle.

Je ne sais pas si vous avez jamais vu à l'une de nos maternités la sortie des mères pauvres; c'est un spectacle qui m'a toujours profondément remuée. Elles franchissent le seuil qui leur a été hospitalier, pâles, faibles, emportant leur fardeau, bien léger pourtant, mais trop lourd encore pour leurs bras débiles; le poupon, revêtu de la livrée de l'Assistance, un béguin d'indienne, une couverture de laine bien moelleuse et bien chaude sur laquelle tranche la toile bise d'une couche neuve..., il est marqué, étiqueté, *Bon pour la misère.*

Toutes pourtant ne sont pas également à plaindre. Il y en a que le père attend joyeux, plein de courage et de bonne volonté pour l'accomplissement de ses nouveaux devoirs ; ceux-là — l'enfant et la mère — ne sont pas trop malheureux, ils sont pauvres, c'est vrai, mais ils sont aimés et c'est là un des principaux éléments du bonheur.

Cette autre a moins de chance ; elle n'est plus toute jeune, elle a déjà fait bien des séjours à la Maternité ; et, en dépit de sa lassitude visible, elle se hâte de réintégrer le logis en désarroi, les enfants laissés à l'abandon, le mari qui peut-être n'a pas été raisonnable — euphémisme résigné qui cache les appréhensions les plus cruelles.

Puis, il y a les abandonnées ! Ah ! ce sont celles-là qu'il faut plaindre.

La moitié du temps, elles ne savent pas comment elles feront pour vivre. Beaucoup sont repoussées par leur famille ; celles qui avaient un logement n'ont plus de travail, et les autres, dont les maigres économies ont fondu pendant les jours d'attente, n'ont même pas de gite.

Ne criez pas à l'exagération : quotidiennement on en voit qui échouent au poste ou aux asiles de nuit, avec un nourrisson pleurant de faim parce que le sein maternel est tari et qu'elles n'ont pas les quelques sous nécessaires pour acheter un peu de lait. Cet hiver même, par une des nuits glaciales dont vous vous souvenez, un ouvrier typographe rentrant de son travail a trouvé une jeune mère étendue inerte à un coin du boulevard avec un bébé de vingt jours sur les bras. A grand'peine, on put ranimer la mère, l'enfant était mort de froid.

Eh bien, je vous le demande, n'est-ce pas la honte d'une civilisation que des choses semblables puissent se produire ?... qu'il y ait des lois pour protéger les animaux domestiques et point pour protéger la maternité ?... que l'on dépense des sommes considérables pour l'amélioration des races chevaline, bovine, porcine, alors que des créatures humaines — des innocents — meurent de faim et de froid.

Quand une mère vient à un bureau de bienfaisance

quelconque avec son nouveau-né et qu'elle dit : «Cet enfant est à moi ; malgré toute ma bonne volonté je ne puis suffire seule à l'élever et je viens vous prier de m'aider à le faire, il n'y a aucune hésitation à avoir ; lui refuser l'appui qu'elle réclame est non seulement un acte d'inhumanité, mais un acte d'imprévoyance. Car il peut arriver qu'elle se trouve dans l'impossibilité absolue de nourrir son enfant et qu'elle l'abandonne; or, un enfant assisté coûte cinq ou six fois autant qu'un enfant secouru.

Je suis très loin de dire que l'on ne fait rien pour les nourrissons pauvres ; on fait au contraire beaucoup, et rien que les secours temporaires pour prévenir l'abandon absorbent des sommes considérables ; mais dans la catégorie des mères assistées, il y a des exceptions, et il ne devrait pas y en avoir.

Cela constituerait une grosse dépense, objectera-t-on. Sans doute, une très grosse dépense même. Mais on ne viendra pas dire que dans un pays où le budget est si large aux comédiens et aux danseuses, on ne trouve pas vingt sous à donner par jour aux mères pauvres pour nourrir leur enfant.

Non que je m'élève contre les exigences de l'art, certes ; je m'étonne seulement que la maternité soit sacrifiée avec une telle indifférence, alors qu'elle a tous les droits d'être privilégiée.

La France a besoin de ses artistes, c'est vrai. Mais est-ce que par hasard elle n'a pas besoin de bras vigoureux pour labourer son sol, exploiter ses mines, façonner les métaux et le bois, tisser les étoffes, conduire les machines...? de ces artisans dont le bon goût est une des sources les plus puissantes de la fortune nationale : ciseleurs, décorateurs, brocheurs sur soie, monteurs en pierres fines, que sais-je...? n'a-t-elle pas besoin de fermières entendues, de modistes, de couturières, de toutes ces artistes du chiffon dont le travail ingénieux, élégant, sont un des attraits de notre pays... ? Et bien, c'est tout cela que l'on sacrifie en sacrifiant les bébés pauvres, et c'est là une perte dont il est impossible d'évaluer la portée.

On aime à répéter que la France est assez riche pour payer sa gloire ; à plus forte raison doit-elle être assez riche pour protéger et nourrir ses enfants.

Je vais plus loin encore. Il faudrait s'arranger de façon à ce que les mères — du moins les mères assistées — pussent allaiter leur enfant ; c'est un devoir strict et c'est en même temps, pour les femmes dont la maternité est irrégulière, un des meilleurs éléments de régénération. La nature fait bien ce qu'elle fait ; quand, par une hygiène ou des mœurs défectueuses nous arrivons à la faire dévier de la ligne qu'elle s'est tracée, nous avons toujours à nous en repentir. Si elle donne du lait aux mères, c'est que ce lait doit être la première nourriture de leur enfant, la seule qui lui convienne réellement ; et c'est là une vérité qui s'applique à toutes les femmes, depuis les chiffonnières jusqu'aux impératrices.

On y vient, du reste, à cette idée de conserver, coûte que coûte, la mère pauvre à l'enfant qui a besoin d'elle, et voici ce que j'ai appris hier avec une grande joie.

Tous ceux qui s'occupent de bienfaisance connaissent M. Hermann Sabran, le grand philanthrope lyonnais, qui consacre une grande partie de sa fortune et tout son temps, tout son cœur au soulagement des malheureux. Un des points qui le chagrinaient était celui-ci : à la Maternité de Lyon, le service des Enfants-Assistés n'est pas si bien organisé qu'à Paris où l'on a pour les nouveau-nés, des nourrices en permanence, et où le transfert des nourrissons se fait avec un luxe de précautions que ne connaissent pas la plupart des enfants envoyés par leur famille : dans la banlieue lyonnaise et même assez loin dans le pays, les nourrices sont fort rares, il faut attendre quinze jours et même parfois davantage avant d'en trouver de disponibles.

Pendant ce temps, les nourrissons abandonnés par leur mère, sont déposés à la Crèche ; et comme, là encore, le service est moins perfectionné qu'à Paris, ils meurent dans la proportion de 50 0/0.

Beaucoup de mères ont un grand chagrin d'abandonner ainsi leur enfant, mais la misère est parfois si grande... « Il sera toujours mieux qu'avec moi », disent-elles.

Or, il y a peu de temps, un vieux célibataire — repenti sur le tard probablement — laissa toute sa fortune 1.200.000 francs à la Maternité de Lyon, à la condition que cette somme serait exclusivement affectée à l'établissement de pouponnières pour les Enfants-Assistés.

M. Hermann Sabran, très heureux de l'aubaine, vint à Paris pour prendre conseil de M. le professeur Budin, le grand maître en cette matière, et voici ce qui a été résolu.

On construira dans la banlieue lyonnaise une série de pavillons pour les mères pauvres, sans asile, qui témoignent le désir d'élever leur enfant. On assurera leur existence, à charge pour elles — quand leur propre nourrisson sera assez fort pour supporter le partage — de donner le sein à un enfant assisté, définitivement abandonné par sa mère.

Ces pavillons et leurs habitants seront naturellement très surveillés au point de vue de l'hygiène ; les petits nourrissons ne mourront plus, et les femmes qui ont bonne volonté, ne seront point séparées de leur enfant.

Cette combinaison est d'ailleurs la seule qui soit logique. Il y a de quoi rougir de honte à penser qu'elle n'est pas admise depuis longtemps, depuis toujours....

Que la Société fasse donc crédit aux mères pauvres, l'enfant plus tard acquittera leur dette.

Ne croyez pas que j'aie l'intention de reprendre ici la thèse si bravement, si heureusement présentée par Brieux dans les *Remplaçantes;* mais je voudrais dissiper un malentendu qui s'est produit à ce sujet.

Les gens du monde ont cru — ou feint de croire — que Brieux, reprenant les doctrines de Jean-Jacques, avait eu la prétention de les contraindre à l'allaitement forcé. Il n'en est rien. Les partisans de la loi Roussel ont surtout en vue le sort des petits paysans abandonnés par les mères qui, suivant leur expression, vont faire des *nourritures* à Paris.

S'il n'existe aucun moyen de forcer une femme à donner son lait à l'enfant qu'elle a mis au monde, on peut du moins l'empêcher de vendre ce lait à un autre.

Il y a quelque temps, un chroniqueur de beaucoup de talent, qui émet parfois des idées sociales très larges, très généreuses, mais qui ce jour-là était mal inspiré, écrivait à peu près ceci : « Les auteurs dramatiques ont mis à la mode la question de l'allaitement maternel. Vraiment la chose est-elle si importante? Quand 300,000 femmes auraient recours à des nourrices mercenaires, quelle importance cela peut-il avoir? »

Quelle importance...? Je vais le dire au cher confrère. J'accepte sans examen ce chiffre de 300,000 mères défaillantes, il n'a du reste qu'une importance relative.

Je ne veux pas parler du temps et des régions où la mortalité des nourrissons élevés hors du domicile de leurs parents, atteignent le taux formidable de 75 et même de 90 0/0 ; ce sont là heureusement des cas exceptionnels, qui pourtant ont été constatés. Toutefois, il n'y a pas longtemps qu'il mourait 2 sur 3 des poupons envoyés en nourrice, ce qui pour 300,000 enfants, donnait 200,000 petits morts. A l'heure actuelle, les statistiques les plus favorables, les plus indulgentes, évaluent « pour les enfants laissés dans leur village « par des femmes venant se placer comme nourrices sur « lieu, une mortalité oscillant entre 20 et 77 0/0 suivant le « mode d'élevage et *surtout selon qu'ils ont été abandonnés* « *par leur mère dès la naissance ou après le septième* « *mois* ». Je trouve ces renseignements dans le si remar-

6.

quable ouvrage de M. Paul Strauss : *Dépopulation et Pué-
riculture.*

Admettons une mortalité moyenne de 330,0 et certes, ce
n'est pas exagéré : 300,000 nounous enrubannées correspon-
dent donc à 100,000 petits cercueils..., à 100,000 nouveau-
nés qui meurent alors que, issus de parents sains et robustes, ils avaient toutes chances de vivre et de bien se porter...
100,000 existences humaines sacrifiées au plaisir, à la co-
quetterie, à l'égoïsme des mondaines...! ceux qui trouvent
que ce n'est rien sont vraiment difficiles à satisfaire.

Aussi est-on parfaitement fondé à répondre aux femmes
qui viennent affirmer que les exigences du monde ou leur
propre santé les empêchent de nourrir : « C'est bien malheureux pour vous et surtout pour votre enfant ; mais cela ne
vous donne pas le droit de priver un enfant pauvre du lait
de sa mère. Le biberon est précisément fait pour les gens
dans votre cas, et ce système que vous trouvez suffisant pour
un petit Berrichon, sera d'autant moins nuisible que vous
saurez l'appliquer avec intelligence. »

Les Anglaises ne sont certes pas meilleures mères
que nous, mais elles ont une toute autre manière d'envisa-
ger la question. D'abord, en Angleterre, l'allaitement maternel est, autant dire, la règle. Même les femmes des classes riches qui ne veulent pas se rendre esclaves, nourris-
sent leurs enfants au moins pendant les premières semai-
nes ; puis, un peu plus tôt, un peu plus tard, et quelquefois
pas du tout, elles s'aident du biberon. Seulement elles se
donnent bien en garde de confier le baby à des paysannes
ignorantes et têtues. La *nurse* qui dirige l'élevage est une
personne expérimentée qui a fait un sérieux apprentissage
soit dans les hôpitaux ou les dispensaires, soit en qualité
d'*under-nurse* quand elle était jeune, soit même sur ses
propres enfants. Quand la petite famille est trop nombreuse,
on lui adjoint une aide, une *under-nurse* qui s'occupe des
aînés, prépare les bains, tient la *nursery* en ordre et, tout

doucement, s'accoutume à soigner d'une façon intelligente les enfants qui lui seront confiés plus tard. Mais la direction générale et la surveillance immédiate du baby appartient toujours à la *nurse*.

Il se présente pourtant des cas où l'intervention d'une nourrice au sein (*wet-nurse*) est indispensable ; mais cette fonction n'a point l'importance qu'on lui accorde chez nous. La *wet-nurse* donne son lait, voilà tout ; elle n'empiète en rien sur les attributions de la *nurse*. Aussi, alors que celle-ci est traitée avec égards et touche de 15 à 20 et quelquefois 25 livres par mois, la *wet-nurse* fait partie de la domesticité et ses gages varient entre 2 et 3 livres.

Au reste, ces cas sont extrêmement rares ; en voici la preuve. Comme les bureaux de placement n'existent pas, faute de clientèle, c'est seulement aux Maternités que l'on trouve des nourrices ; or, le directeur de la Maternité d'Edimbourg affirme qu'en trois ans on ne lui en a pas demandé plus de cinq ou six.

Il faut croire que le système a du bon puisque, malgré l'affreuse misère qui règne en Irlande, le Royaume-Uni et la presqu'île scandinave sont les pays d'Europe où il meurt le moins de nourrissons. Il convient d'ajouter qu'en Suède, en Norwége et en Danemark, l'allaitement maternel est l'unique mode d'élevage. Il y a quelque temps, je lisais dans la relation d'un Français qui a longtemps habité le Transvaal, que les mères boërs ne conçoivent même pas l'idée qu'on puisse faire allaiter son enfant par une autre femme. Aussi, pour des familles de douze à vingt rejetons, la mortalité infantile est autant dire nulle ; et les derniers événements prouvent que ces mères nourrices ont su faire des hommes.

C'est pour cela que le champ d'action de la loi Roussel devrait être considérablement élargi, l'application rendue plus sévère. Lui-même y songe, et y travaille, ce grand ami de l'enfance pauvre, et s'il se montre implacable pour

les égoïstes, c'est qu'il est plein de pitié pour les innocents
que l'on sacrifie.

Mais, en attendant les loi, les bonne volonté générale
peut beaucoup, il faudrait le répéter sans se fâcher, mais
sans se lasser aux jeunes mondaines qui, sans doute,
n'ont point conscience de l'étendue du mal qu'elles font.
Car le mal ne se limite pas à la mort du petit abandonné
— ce qui, d'ailleurs, serait amplement suffisant — mais
c'est la déorganisation de la famille, la débauche presque
certaine du mari, les autres enfants restés sans surveillance et sans soins... Une paysanr qui part pour faire une
nourriture, c'est presque à coup sûr, un foyer de détruit.
Additionnez ces cas et vous verrez quelle part l'industrie
nourricière joue dans la dépopulation des campagnes et
l'abandon progressif de la terre.

Je voudrais que l'on écrivit sur les livrets de famille des
jeunes époux : « Toute mère qui prend une femme mariée
pour nourrir son enfant, se rend complice d'une mauvaise
action. »

Si l'on vient objecter — et cela, je l'ai entendu cent fois
— que les femmes pauvres sont encore bien aises de trouver une place qui les empêche de mourir de faim, je ré-
pondrai que cette obligation pour une mère de vendre son
lait, ou plutôt le lait de son enfant, est la plus révoltante des
infamies sociales. Si les mères sont trop pauvres pour
garder leur nouveau-né, il faut les secourir, voilà tout.

Où l'on prendra l'argent nécessaire... ? Dans nos poches,
n'en doutez pas. Mais il y a toujours moyen de s'arranger,
et de tondre la brebis sans qu'elle crie trop fort. Les fonds
existent, il n'y a qu'à les faire « virer » du bon côté.

Vous connaissez tous la question de la dépopulation, les
causes multiples qu'on lui attribue, et les remèdes très
différents que chacun propose, je ne m'y attarderai donc
point. Mais parmi ces remèdes, j'en veux retenir un, celui

qui a fait couler le plus d'encre, qui a été le plus applaudi et le plus bafoué, et qui, en somme, est celui qui offre le plus de consistance, est le plus facile à appliquer et donne les résultats les plus pratiques ; je veux parler du projet de loi de M. Edme Piot, sénateur de la Côte-d'Or.

Il s'agit, vous le savez, « d'imposer les célibataires des « deux sexes âgés de trente ans révolus, plus les époux « mariés depuis cinq ans au moins et n'ayant aucun enfant « vivant, d'une taxe égale au quinzième ou au vingtième du « principal des quatre contributions directes payées par « eux.

Ne me demandez pas de préciser la portée financière de ce projet, je ne sais seulement pas en quoi consiste le principal des quatre contributions directes, ni les quatre contributions elles-mêmes. Mais il me suffit de savoir que le montant de cette taxe doit être affecté à l'assistance des familles nombreuses dont les ressources sont limitées, pour que le projet de loi Piot me semble parfaitement logique.

— Comment, riposte-t-on, vous voulez imposer des célibataires, alors que pour beaucoup, le célibat est dicté par les scrupules les plus douloureux et les plus respectables...! Vous voulez imposer les ménages stériles, pour lesquels la stérilité est une source de chagrin. Ce n'est donc pas déjà assez triste qu'un foyer sans enfants...

Je n'y contredirai pas, c'est très triste ; seulement cela ne coûte pas cher. Il ne s'agit pas d'une forme d'amende, ni de châtiment, ce qui dans beaucoup de cas serait une cruelle injustice et une atteinte à la liberté individuelle ; mais il faut que chacun, selon ses moyens concoure à la prospérité du pays. Si l'impôt sur les célibataires et les ménages sans enfants permet aux pères de famille d'élever leur progéniture d'une manière plus confortable et plus hygiénique, d'en faire des hommes sains, robustes et instruits, personne n'aura pas à s'en plaindre.

Un autre argument opposé au projet de loi Piot est celui-ci.

— Vous avec la prétention d'imposer les célébataires des deux sexes; or la femme obligée de se suffire, a déjà tant de peine à arriver, que si l'on augmente ses charges, pour si peu que ce soit, la chose lui devient tout à fait impossible?

Hélas! le salaire insuffisant de l'ouvrière est un des points les plus douloureux, les plus inquiétants de la question sociale; et la femme qui a le courage de vivre honnêtement de son travail, est digne de toute notre estime et de tous nos égards.

Mais les épouses de la classe ouvrière, dites-moi, sont-elles sur des lits de roses? Combien, dont le mari débauché, paresseux ou malade, ne suffit pas à l'entretien du ménage, sont contraintes, elles aussi, de déserter le logis pour l'usine ou l'atelier? Celles-là, leur peine est augmentée des fatigues et des maladies inhérentes à la maternité, et du souci des enfants qui vivent dans un quasi abandon... Et les veuves, que l'alcoolisme et la tuberculose fait chaque jour plus nombreuses, qui donc les aide, elles et ces petits dont l'hérédité très lourde constitue une perpétuelle menace... ?

En réalité c'est là se battre contre des moulins à vent; la taxe dont il s'agit ne devant porter que sur les gens déjà soumis à l'impôt n'atteint pas les ouvrières... heureusement!

Toutefois il y a certaines catégories de femmes qui pourraient très bien apporter leur quote-part à cette caisse de la famille : les demoiselles et les veuves riches, d'abord. Puis, les patronnes des grands établissements de couture, de modes, de lingerie, etc; en quoi diffèrent-elles des tailleurs ou des bottiers...? je ne vois vraiment pas. Elles ont réclamé et obtenu d'être électeurs aux tribunaux et aux chambres de commerce, elles espèrent bientôt être éligibles, et ce ne sera que justice : assez longtemps elles ont eu les charges sans en avoir les droits. Mais maintenant qu'elles ont les droits, elles doivent accepter les charges sans murmurer. Pourquoi encore les doctoresses et les avocates seraient-elles exemptes d'un impôt qui frappe leurs confrères de la médecine ou du droit...? pourquoi les femmes écrivains, peintres, artistes..., toutes celles en un mot qui exercent une profession indépendante...?

Je sais bien que beaucoup renonceraient au célibat avec empressement si elles trouvaient une occasion favorable ; mais d'autres sont sincèrement dédaigneuses du mariage sous prétexte qu'elles y perdraient leur personnalité artistique ou littéraire. Plusieurs me l'ont affirmé. Une autre a déclaré devant moi que la maternité lui faisait horreur..., que mettre au monde et allaiter un enfant lui semblait une besogne de serve... Je le dis sans la moindre accrimonie, chacun étant libre de diriger son existence comme il l'entend, mais si l'indépendance féminine semble une chose tellement enviable et glorieuse, on ne saurait la payer trop cher.

La loi Piot serait donc une loi morale, logique et bienfaisante, puisque ne faisant aucune distinction d'état-civil, elle permettrait à toutes les mères d'élever leurs enfants sans misère et sans honte.

Mais ne restons point sur une pensée trop désolante. Grâce aux efforts combinés des médecins, des législateurs et des philanthropes, la mortalité des nourrissons s'est abaissée considérablement pendant ces dernières années. La France n'occupe plus la place humiliante d'autrefois. De 26 0/0 le taux de la mortalité infantile est descendu à 22 0/0, et je crois bien que l'Angleterre et les pays scandinaves sont les seules nations auxquelles nous ayons quelque chose à envier.

C'est là un précieux encouragement à poursuivre la lutte

jusqu'à ce que nous ayons obtenu le premier rang; puis nous lutterons encore pour le conserver. Nous combattrons du reste en excellente compagnie.

Faut-il vous citer quelques noms dans cette croisade pacifique entreprise pour la sécurité, le bonheur, la vie des enfants pauvres. Mlle Lucie Faure, Mmes Béquet de Vienne, Ferdinand Périer, la marquise de Souillac; MM. Marbeau, Paul Strauss, les docteurs Théophile Roussel, Henri Monod, Blache, Pinard, Budin, Marfan, Variot, Maygrier, H. de Rothschild, Dufour de Fécamp, de Welling de Rouen, Rousseau Saint-Phillippe de Bordeaux..., je suis forcée de m'arrêter bien avant d'avoir épuiser la liste...; mais tiens à vous faire remarquer la proportion considérable de médecins qu'elle comporte. Je suis heureuse de le proclamer bien haut : on peut faire appel à leur science et à leur dévouement sans que jamais ils répondent *non*. Et il ne s'agit ici que de tout jeunes enfants, car si nous entamions la question des adolescents, de l'enfance dite coupable, etc., nous trouverions encore une glorieuse et bienfaisante cohorte toujours prête à lutter contre le mal.

Dira-t-on encore que l'on ne fait rien pour l'enfance pauvre, ou que les efforts ne donnent aucun résultat ? un journaliste l'écrivait, il y a quelques jours, un journaliste très brillant et dont les affirmations n'en sont que plus dangereuses. Il est vrai que, plus ils sont brillants, moins ils se préoccupent de la vérité.

Les enfants pauvres, abandonnés, coupables...! mais on va les chercher jusque dans les taudis où ils végètent, à l'hôpital où l'on tâche de les distraire ou de les consoler, dans la rue, au ruisseau où leur âme se corrompt; on va les chercher sur les bancs de la correctionnelle et jusqu'à la Petite Roquette. Tant qu'ils ne sont pas irrémédiablement perdus, on essaye de les guérir, de les moraliser, de les réhabiliter ; mille mains protectrices sont tendues vers eux, et si quelques-uns nous échappent, c'est que nous les ignorons, ou que nous ne sommes pas suffisamment armés devant la puissance paternelle encore trop forte quand son action doit être néfaste.

Si ceux qui nous critiquent ont un meilleur système à nous proposer, qu'ils parlent, nous les écouterons avec une infinie reconnaissance et nous les suivrons docilement : le bien des enfants, nous ne cherchons rien d'autre.

Mais il y a deux écoles. Pendant que les uns nous reprochent de ne rien faire, les autres nous reprochent d'en trop faire.

A quoi tout cela sert-il... ? Plus on crée d'œuvres, plus il y a de malheureux. On n'en faisait pas tant autrefois et le monde marchait tout de même ?

Il serait plus juste de dire que si l'on crée de nouvelles œuvres, c'est que l'on découvre de nouvelles misères. Et puis, autrefois, est-ce que la situation était la même ? Est-ce que les enfants de la génération précédente avaient contre eux ce qu'ont les nôtres ? la tuberculose qui les rend orphelins et l'alcoolisme qui les rend criminels... ? Mais surtout, *surtout*, autrefois la femme restait au logis ; elle était vraiment la compagne du chef de famille, la première éducatrice de l'enfant, la gardienne du foyer, en un mot, et c'est un grand malheur qu'il n'en soit plus ainsi.

Quand l'enfant rentrait de l'école et le père de l'atelier, ils trouvaient la maison claire, propre, accueillante, des vêtements secs si l'on était mouillé, du linge frais si l'on avait trop chaud, des soins affectueux et prompts en cas d'indisposition, une parole consolante s'il en était besoin. Le carnet d'école était examiné séance tenante ; quelquefois il méritait une récompense, d'autres fois des calottes, mais la sanction était immédiate ; le gamin savait à quoi s'en tenir.

Maintenant, le père et la mère sont occupés chacun de leur côté; ils rentrent tard, parfois après de longues veillées, avec la fatigue du jour et le souci du lendemain, sont-ils capables de découvrir les petits accrocs de santé, ou de commenter un carnet d'école ? La provision d'énergie dont chacun dispose n'est pas illimitée, il leur en faut tant pour faire face à la vie, pour assurer le pain de toute la nichée... rien d'étonnant qu'il ne leur en reste guère pour l'éducation des petits. Il est donc de toute justice que les heureux du monde se substituent aux familles involontairement défaillantes pour protéger leurs enfants.

On n'en faisait pas tant autrefois..., mais peut-être que si l'on en avait fait davantage, notre tâche serait moins lourde. Il est certain que la vie est devenue plus difficile, plus irritante, plus brutale.

D'autre part, l'entassement toujours plus considérable des villes favorise l'éclosion et la diffusion des germes mauvais qui, sur notre constitution affaiblie, ont une prise facile.

Heureusement, si nous sommes plus menacés, nous savons mieux nous défendre. Je dis nous *les grands*, ceux qui ont acquis de l'expérience et qui connaissent le mal dans sa source. Je prends un exemple. Nous savons tous quels ravages exerce l'alcoolisme, nous sommes instruits sur les conséquences lamentables et prolongées de certaines maladies contagieuses sur lesquelles je n'ai pas à m'étendre ici; à nous donc de veiller sur notre conduite et sur notre hygiène.

Mais les petits...! les petits qui sont victimes de fautes qu'ils n'ont pas commises, qu'ils ignorent, qu'ils ne peuvent même pas soupçonner...! eux dont l'alcoolisme des pères fait des dégénérés...! eux qui expient par la tuberculose osseuse et le rachitisme la débauche de leurs parents ! comment pourraient-ils résister, dites-moi ?

C'est à nous de réparer, autant que possible, le tort qui

leur est fait, de les défendre et surtout de leur enseigner à
se défendre eux-mêmes quand ils en auront la force et la
raison.

On reproche parfois aux amis de l'enfance malheureuse
de dépenser beaucoup d'argent pour entretenir de petits
tuberculeux, des idiots, des incurables de toute nature.
Sans doute les jeunes Lacédémoniens que l'on précipitait
dans le Céada étaient moins à plaindre. Mais il faut prendre les mœurs où elles sont; or, puisqu'on n'a pas le droit
de le supprimer, ce triste déchet humain, ne vaut-il pas
mieux s'efforcer de le rendre moins douloureux... ? N'oublions pas non plus que c'est en soignant les enfants incurables que l'on apprend à guérir ceux qui peuvent être
guéris, et qu'ils sont de lamentables petits sujets auxquels
il serait profondément injuste de marchander un peu de
bien-être et de joie.

Herbert Spencer, dans son *Introduction de la Science sociale* a émis cette thèse qui peut parfaitement être discutée
et soutenue, mais dont certains abusent un peu. « Nourrir
« des incapables aux dépens des capables est une grande
« cruauté ; c'est une réserve de misère amassée *à dessein*
« pour les générations futures. On ne peut pas faire un
« plus triste cadeau à la postérité que de l'encombrer d'un
« nombre croissant d'imbéciles, de paresseux, de criminels.
« On a le droit de se demander si la sotte philanthropie qui
« ne pense qu'à adoucir les maux du moment ne produit
« pas, au total, une plus grande somme de misère que
« l'égoïsme extrême. »

Croyez-vous vraiment que ceux qui restent sourds à tous
les cris de souffrance, à toutes les plaintes de l'humanité,
songent tant que cela au bonheur des générations futures ?
Sous ce rapport je suis sceptique. Il me semble, au contraire, que ce sont les philanthropes qui font acte de prévoyance quand ils transforment en valeurs sociales, des

Individus qui vivent où étaient destinés à vivre aux dépens de la collectivité.

Les malheureux, en somme, sont les victimes de la lutte pour la vie. Or puisque la lutte est fatale dans toute agglomérat.on vivante, il faut compter toujours sur des vaincus. Les faibles de demain se recruteront parmi les forts d'aujourd'hui de même qu'avec un peu de chance, les faibles d'aujourd'hui peuvent très bien produire les forts de demain. C'est un chassé-croisé contin: .i dont il faut prendre notre parti, et la plus sage politique est, je crois, de chercher à égaliser les chances pour que la bataille soit moins violente et moins meurtrière ; car si la lutte est fatale, rien ne dit qu'elle n'arrivera pas à être pacifique. Dire que nous comptons absolument sur ce résultat, ce serait peut-être beaucoup, mais nous travaillons comme si nous en étions sûrs.

Ne faisons donc point chorus avec ceux qui crient: « A bas la charité !» quoique cela devienne une mode. Vraiment en ma qualité de femme je suis chagrine et presque honteuse de penser que ce blasphème a été proféré par des bouches féminines. Ceux qui parlent ainsi n'ont donc jamais senti la douceur d'une main tendue... d'un regard sympathique !... Eh bien ! c'est cela que nous offrons aux malheureux avec le morceau de pain qui lui permettra de vivre. Est-ce que cet accueil, ils le trouveront derrière le guichet d'une administration, cette chose impersonnelle et glaciale où l'on peut secourir mais où l'on ne saurait consoler?...

Quand à substituer l'aumône aux mesures de prévoyance et de mutualité, qui donc en parle ? ce ne sont pas les philanthropes, au moins, car nul ne travaille avec plus de zéle et on peut le dire, plus de science, pour en assurer l'application. On croirait à entendre certaines gens que nous recherchons les mendiants les plus sordides et les plus paresseux pour leur faire des rentes, mais ce n'est pas vrai du tout! Nous les redoutons, au contraire, d'autant plus que nous les connaissons mieux.

Certainement, on distribue des secours, il est impossible de faire autrement, mais c'est surtout l'action morale que l'on recherche. Or pour cela il faut un contact direct avec les malheureux et cela effraye beaucoup de gens..., pas tous heureusement, car il y a des âmes vaillantes qui ne craignent pas le corps à corps avec ce redoutable champion qui se nomme la misère.

L'assistance envers l'enfance s'impose donc de la manière la plus absolue ; elle est une œuvre de justice et de réparation ; elle est aussi une œuvre de prévoyance. Plus on fera pour l'enfant, moins on aura à faire pour l'adulte. A ceux qui reproche la soi-disant prodigalité des œuvres de préservation physique et morale, nous demanderons ce que coûte un infirme à l'hôpital, un déséquilibré dans un asile, un malfaiteur en prison?

En France, nous avons l'instinct de l'épargne plus développé que le sentiment de la prévoyance. Nous amassons volontiers pour les besoins futurs dont nous ignorons la forme, l'intensité et même l'existence et nous ne faisons rien pour supprimer ou tout au moins restreindre, ces besoins imaginaires.

Tous vous avez présente à l'esprit cette scène d'un humorisme si charmant et si profond de l'un des contes de Voltaire.

Micromégas et le Nain de Saturne sont en tournée... cosmique ; et arrivés à la Terre, le Nain en — nain qui tout de même à 1000 toises de haut ou environ — le Nain dis-je, déclare péremptoirement qu'elle n'est pas habitée.

— Qu'en savez-vous? lui dit Micromégas; il y a des étoiles que vos yeux très imparfaits ne peuvent apercevoir et que moi je distingue très bien, nierez-vous pourtant qu'elles existent?

— C'est que, en vérité, reprend le Nain, ce monde-ci me

paraît tellement mal agencé, tellement biscornu que je ne puis pas croire que des gens de bons sens se résignent jamais à l'habiter.

— Eh bien, dit Micromégas, ce ne sont peut-être pas non plus des gens de bon sens qui l'habitent !

Micromégas nous calomniait ; ce n'est pas le bon sens qui nous fait défaut, mais l'entente cordiale entre notre bon sens et notre intérêt. Nous sacrifions toujours le premier au second alors qu'ils devraient marcher de pair.

Je termine cettte causerie par une pensée de Spencer, ce philosophe qu'on nous jette si volontiers à la tête et avec lequel pourtant nous ne sommes pas toujours en désaccord.

Il compare la société future à un organisme supérieur dont chaque cellule, vouée à une fonction indépendante qu'elle exerce isolément, est cependant unie à des cellules semblables pour une œuvre commune dont toutes les autres profitent, de même que de son côté elle profite du travail de toutes les autres. Et il conclut que dans une société civilisée, comme dans un organisme supérieur, aucune unité ne peut être blessée ou détruite sans que la collectivité en souffre.

Voici une très belle, une très hautaine leçon. Si nous ne secourons pas nos semblables par un besoin de notre âme, ce qui est l'impulsion la plus noble, il faut les secourir par devoir ; et si la pensée du devoir ne nous inspire pas, il faut les secourir par intérêt.

Mais c'est là un bien vilain mot dans l'acception où nous le prenons, et si proche parent de l'égoïsme que, j'en suis sûre, vous êtes unanimes à le réprouver.

L'Enfant au Théâtre

CONFÉRENCE

Par M. Paul Peltier, Avocat à la Cour d'Appel.

« Mesdames,

« Messieurs,

« Toute conférence qui se respecte commence par une dé-
« finition. Conformons-nous donc à la tradition. D'autant
« plus que j'ai à vous apporter une définition du Théâtre
« qui me semble excellente... puisque c'est moi qui l'ai
« trouvée ! Le Théâtre est un art très complexe, qui a pour
« but de faire naître certains sentiments — Terreur ou
« Pitié, diront les anciens ; Admiration, d'après Corneille ;
« « Emotion », suivant Schiller ; Intérêt, prétendra simple-
« ment Dumas père — dans l'esprit des spectateurs, en fai-
« sant exprimer d'autres sentiments — amour, colère,
« jalousie, etc., — par les acteurs.

« Le moyen le plus sûr, et l'expérience l'a prouvé, de faire
« couler les larmes ou tout au moins de les faire monter
« aux yeux des spectateurs — des spectatrices surtout ! —
« est de mettre en scène un enfant, qu'il s'agisse du Joas
« d'*Athalie* ou du *Petit Jacques* dans le drame du même
« nom. »

M. Peltier commence sa revue par l'*Ajax*, de Sophocle, et,
par une rapide analyse de la scène où Ajax sur le point de
mourir, et en présence de Tecmesse, sa maîtresse, se fait
amener son fils, le petit Eurysacés, montre que déjà les

grands tragiques « jouaient de l'enfant » avec le même empressement que les dramaturges contemporains.

Et pour le mieux prouver, il compare la scène dont nous
parlons avec le prologue du *Vieux Caporal* — à propos duquel il cite diverses anecdotes sur Frédérick Lemaître — et
du *Chien de garde*, de Richepin.

« Ces deux pièces me font immédiatement penser à vous
signaler une particularité curieuse, mais fatale, de la pièce
à enfants : c'est la nécessité du double rôle. En effet — surtout dans le domaine du gros drame — le personnage
principal est souvent

Enfant au premier acte et forban au dernier,

pour me servir du mot bien connu de Boileau. Dans ces
conditions, deux êtres différents sont absolument nécessaires, d'où les innombrables « Petits X...» ou « Petits Y...»
que vous pouvez voir, sur les affiches, à la suite de certaines distributions. Il est vrai que la pièce à enfants offre
aussi des compensations au point de vue de la distribution.
Quand la mère meurt au prologue (ce qui est assez confor-
me à la poétique du genre), l'actrice chargée du rôle devient
sa propre fille aux tableaux suivants, réalisant ainsi un
phénomène de physiologie plutôt imprévu. Je vous citerai
comme exemple, entre mille, la *Prière des Naufragés*.

« Avant d'aller plus loin, permettez-moi de vous faire remarquer qu'il y aurait une bien intéressante causerie à
faire sur l'Enfant au Berceau (au Théâtre, bien entendu,
pour rester dans notre cadre). Je ne veux point essayer même d'effleurer un sujet aussi vaste qui s'étendrait
des confins du drame populaire, avec *Marie-Jeanne*, aux
limites extrêmes de l'opérette, avec les couplets du 3e acte
de *Gillette de Narbonne :* je me borne à le signaler, car le
temps passe ; et, si je ne m'en aperçois pas, le public qui
veut bien m'écouter ne pense peut-être pas de même ! »

Ouvrant une rapide parenthèse, le conférencier dit

quelques mots du type de « la nourrice au théâtre », et cite
entre autres Gilissa, des *Choéphores*, la nourrice de *Roméo
et Juliette*, et arrive au répertoire tout à fait contemporain,
où il nomme *Nounou, Bonne d'enfant*, et les fameuses
Remplaçantes :

« Vous le voyez, conclut-il, on peut commencer la série
« par Eschyle et la finir par Brieux, bien que d'Athènes au
« Théâtre Antoine il y ait plutôt quelques kilomètres. »

Puis, après s'être un moment arrêté à la scène classique
dans le répertoire du gros drame, de « la voix du sang »,
qui n'a jamais été « faite » par les tragiques grecs, M. Peltier passe au moyen-âge, au XVIᵉ siècle, et arrive, dans la
littérature classique, à *Athalie*, sur laquelle il demande de
retenir un moment l'attention des auditeurs.

« Comme vous le voyez, Messieurs, c'est en 1691 qu'*Atha-
« lie*, — le chef d'œuvre de l'esprit humain, disait Voltaire,
« fut représentée par les demoiselles de St-Cyr, auxquelles
« Mme de Maintenon — qui, en sa qualité de veuve d'un
« auteur dramatique, ne devait point être étrangère aux
« choses du théâtre — servit d'impresario !

« Au point de vue de la mise en scène, Racine ne fut qu'à
« moitié satisfait ; mais au point de vue plastique, il n'en
« fut pas de même. Il paraît, en effet, qu'en voyant l'une
« près de l'autre Mlle de Glapion et Mlle de Caylus, le poète
« s'écria avec admiration : » Ah ! si je pouvais mettre la tête
« de l'une sur la gorge de l'autre, j'aurais une seconde
« Champmeslé ! »

« On sait que la Champmeslé fut à la fois l'interprète et
« la très grande amie de Racine. Aussi Mme de Maintenon
« le pria-t-elle de modérer son enthousiasme.

« Quand, postérieurement aux représentations de Saint-
« Cyr, *Athalie* fut jouée devant Louis XIV par les seigneurs
« et les dames de la cour, le personnage du petit Joas fut
« joué, non par un travesti, mais par le comte d'Espare, se-
« cond fils du comte de Guiche.

7.

« D'ailleurs, ce rôle de Joas, le plus merveilleux rôle d'en-
« fant qui soit au théâtre, peut conduire à tout..., même
« au gros succès d'opérette : n'oublions point, en effet, que
« Mlle Biana Duhamel, la traditionnelle *Miss Hélyett,* l'a
« joué à l'Odéon. Ce n'était point du reste son début au théâ-
« tre, car, peu d'années avant, on l'avait pu voir à la Gaîté,
« dans un rôle d'enfant du *Petit Poucet,* où elle parodiait
« le duo de la *Mascotte,* en attendant les hémistiches sono-
« res et impétueux de Racine.

« A propos de fééries, il faut remarquer que dans ces piè-
« ces faites plutôt pour les enfants, les rôles d'enfants pro-
« prement dits sont assez rares. Il est bien évident, par
« exemple, que Pichette, du *Petit Chaperon Rouge,* pour
« prendre la féérie la plus récente du Châtelet, n'est point
« un rôle d'enfant et n'appartient point ainsi à notre sujet.
« Mais n'abandonnons point encore Joas et *Athalie.* »

Après de nombreux détails anecdotiques sur les représentations de la fameuse tragédie par les demoiselles de Saint-
Cyr, le conférencier aborde le théâtre de Molière et montre
que le grand comique a aussi mis les enfants à la scène, entre autres dans le *Malade imaginaire* et *M. de Pourceau-
gnac :*

« Quand j'aurai ajouté que Molière n'a point non plus ou-
blié la nourrice — et ici je fais allusion au *Médecin malgré
lui* — j'aurai déjà, je crois, largement montré la place que
l'enfant, et tout ce qui s'y rattache, tient dans notre
théâtre. »

Une rapide évocation du xviiie siècle, un salut respec-
tueux à Chérubin « qui, comme tous les enfants volontaires,
vient encore de faire parler de lui », et nous arrivons au
mélodrame « avec lequel nous allons trouver la plu
effroyable consommation d'enfants-martyrs qui se puisse
imaginer ».

Le conférencier nous présente alors successivement :

Marsollier des Vivetières, avec *Camille* ou le *Souterrain,*
« où l'on subissait des vers comme ceux-ci :

> Retirons-nous sans bruit,
> Veillons toute la nuit,
> Attendons que le jour éclaire
> Cet étonnant mystère.

C'est, vous le voyez, à rendre jaloux bon nombre de nos librettistes ! »

A propos de Marsollier, M. Peltier rappelle le succès formidable de ses *Petits Savoyards,* et compare une scène de cet ouvrage à une scène semblable des *Deux Gosses.*

« Eh ! bien, malgré le succès de cette dernière pièce, on
« peut dire que les *Petits Savoyards* détiennent le record,
« toutes proportions gardées, bien entendu, car les centiè-
« mes n'existaient guère, il y a un siècle ! C'est exactement
« le 14 janvier 1789 que les *Petits Savoyards* furent créés.
« La musique était de Daleyrac. Deux jours après, l'ouvrage
« était représenté à Versailles, devant la Cour. Le succès de
« ce petit acte larmoyant où deux petits Savoyards, Michel
« et Joseph, retrouvent leur oncle qu'ils croyaient mort, fut
« si vif que l'on fabriqua des boutons d'habit sur chacun
« desquels était gravée une scène de la pièce. La popula-
« rité, a-t-on dit, est la gloire en gros sous : vous voyez que
« ce peut être parfois aussi la gloire en gros boutons...,
« comme en images d'Epinal, du reste. En effet, en sortant
« d'ici, rendez-vous à la collection d'images, et vous verrez
« un jeu d'oie, un simple et traditionnel jeu d'oie, dont cha-
« que petite scène est inspirée d'une scène d'un roman fa-
« meux, les *Mystères de Paris.*

« Bref, nos *Savoyards* eurent tant de succès que, quel-
« ques mois après la création, on fit jouer une sorte de suite
« *Encore les Savoyards* ou l'*Ecole des Parvenus.* Cette suite
« eut peu de succès, heureusement, car elle eût elle-même
« donné naissance à une autre suite, ce qui eût tourné à
« l'obsession !

« Un mot encore. A l'époque où nous sommes, les bro-
« chures de pièces et les programmes ne portaient pas seu-
« lement le nom des personnages. On y voyait encore une
« sorte de notice rapide sur chacun de ces derniers. Celle
« de M. de Verseuil, l'oncle des *Petits Savoyards*, était
« ainsi conçue : « Seigneur du château, étranger né sans
« fortune, qui a amassé de grands biens en Amérique et est
« revenu se fixer en France. » Franchement, si les specta-
« teurs ne comprenaient pas, c'était à désespérer de tout !»

M. Peltier nomme ensuite :

Ducray-Duminil, avec *Victor* ou l'*Enfant de la Forêt*.

Guilbert de Pixérécourt, avec *Robinson Crusoé*.

« Si je vous cite ce dernier ouvrage, ce n'est point seule-
« ment parce que c'est l'un des premiers livres mis entre
« les mains des enfants. C'est surtout parce que, dans la
« pièce qu'il en a tirée, Pixérécourt a introduit un rôle d'en-
« fant très important, celui du fils de Robinson qui part à
« la recherche de son père. C'était là un excellent moyen de
« rendre scénique une action qui, sans cela, ne le serait
« guère, et ce « truc » a été employé aussi — preuve de son
« efficacité — par les auteurs du *Robinson* donné au Châte-
« let à la fin de 1890 ; au théâtre, comme dans le domaine
« scientifique : « Rien ne se perd, rien ne se crée !» Molière,
« d'ailleurs, n'avait-il pas dit quelque chose comme cela ? »

Le conférencier s'arrête un moment à Pixérécourt.

Il cite un certain nombre de titres de mélodrames d'une
truculence savoureuse et termine ainsi : « Ne soyons point
« trop sévères pour ce genre, et souvenons-nous que les
« tranquilles audaces et les sereines noirceurs des Marsol-
« lier, des Ducray-Duminil, des Pixérécourt et des Ducange
« n'ont point été trop étrangères à l'avènement du Drame
« romantique. »

Un souvenir aux *Enfants d'Edouard*, à Déjazet, et à
Napoléon à Brienne, et avec *Marceau*, dont on nous
présente un personnage, le jeune Loulou, nous voici arri-

vés à 1848, et désormais, nous saluerons au passage, en vieilles connaissances, les noms que nous allons entendre.

Dans le drame, ce sera : Cosette, des *Misérables*, Eva, des *Pirates de la Savane*, Suzanne, de *Roger-la-Honte*, Fanfan et Claudinet, des *Deux Gosses*, le petit Chrétien, du *Coupable*, Caïus, de *Quo Vadis ?* et la nombreuse suite des petits héros de l'Ambigu et du Théâtre de la République. La série est close par le *Petit Muet* « drame touchant selon la for- « mule, quelque chose comme le *Vieux Caporal* retombé « en enfance ».

Dans la comédie, ce sera (et nous ne pouvons tout citer) : la *Fille bien gardée*, *Maman Sabouleux*, et Balbine, de l'*Ami des Femmes*, et Adrienne, de *M. Alphonse*, avec son joli mot : « Enfin, je vais donc avoir une enfance ! », et Fanfan Benoîton « ce frère aîné du Petit Bob », et tout le petit monde du répertoire tout à fait contemporain, les en- fants du premier acte d'*Amants*, la fillette à la poupée, de l'*Etranger*, d'Auguste Germain, celle du *Partage*, d'Albert Guinou, les bébés du *Torrent*, de Maurice Donnay, et leur « enseignement sautillant », et le premier acte de l'*Aînée*, et le second acte de *Catherine*, etc., etc.

« Sont-ce bien des enfants à proprement parler que nous « voyons autour de Catherine, au lever du rideau du second « acte ? Si l'on ne consulte que l'âge des personnages, oui, « évidemment, et rien ne s'opposerait à ce que, dans une « tournée, quelque petit prodige interprétât le rôle de Mlle « Leconte. Mais si l'on considère l'âge des interprètes, non. « Et ceci vous montre, en passant, combien à la fois notre « sujet est vaste et combien fragiles sont ses barrières. A « quel moment finit l'enfance au théâtre ? Je ne vois pas « trop quel critérium exact on pourrait donner. Joas, joué « par une actrice d'une vingtaine d'années, petite et gentille, « n'est plus un rôle d'enfant, et cependant ?

« Je regrette d'être autant pressé par le temps, car j'aurais « voulu vous dire un mot du pensionnat au Théâtre. C'est

« surtout l'opérette qu'il faudrait mettre ici à contribution.
« Souvenez-vous, en effet, de la leçon de chant du *Petit Duc*,
« de certaines scènes de la *Fille du Tambour-Major*, de
« *Mademoiselle Nitouche*, des *Mousquetaires au Couvent*,
« etc., etc., et surtout de la leçon de grammaire du *Lycée*
« *de jeunes Filles*, avec son quadrille du Participe présent
« et sa varsovienne du Participe passé : je recommande ce
« système d'éducation ! Mais je ne veux point insister da-
« vantage, sinon je m'exposerais à m'entendre dire...
« Voyez, messieurs, ce que c'est que l'association des idées,
« j'allais oublier de vous indiquer l'origine de : « As-tu vu
« la ferme ? »

Le conférencier analyse ensuite la scène de l'*Assommoir*
où une fillette de quatre à cinq ans faisait un sort à l'expression désormais historique !

Et « pour finir majestueusement sur des alexandrins,
qui seront chargés de donner à notre causerie un parfum
d'austérité vaguement classique », M. Paul Peltier cite la
scène des « quarts d'archiducs et des sixièmes d'archidu-
« chesses complimentant l'*Aiglon* ».

« Comme vous le voyez, mesdames et messieurs, cette
« petite chose rose et blonde qui s'appelle l'Enfant tient une
« grande place au Théâtre... comme dans la Vie, et a ap-
« porté plus d'une pierre à ce merveilleux édifice qui s'ap-
« pelle la Littérature dramatique française. Soyez-lui en
« reconnaissants... et ne lui imposez plus jamais, même
« s'il avait été très, très méchant, le supplice de la Confé-
« rence ! »

L'Enfant au XVᵉ siècle

CONFÉRENCE

Par M. l'Abbé Lafontaine.

Mesdames, messieurs,

On eût fortement surpris nos ancêtres du moyen âge et particulièrement ceux du xvᵉ siècle, si l'on avait eu l'idée de venir leur proposer un musée de l'enfant, une exposition de l'enfance.

C'est que le culte de l'enfant est un culte qui vient généralement très tard dans les sociétés. Il faut être arrivé à un degré de culture très raffinée, à une époque de civilisation très avancée, très curieuse, pour s'aviser de réfléchir aux charmes, aux grâces, à l'esthétique de l'enfant. Non pas que l'enfant ne puisse être à lui seul, tout un poème, tout un art, puisque précisément, comme j'espère vous le montrer dans une prochaine conférence, une des gloires les plus certaines du xixᵉ siècle c'est d'avoir révélé la poésie de l'enfant; mais parce qu'il faut des sens très exercés, fatigués même, une attention très pénétrante, pour saisir, dans ces fragiles ébauches de l'homme ou de la femme, les linéaments de la forme indécise, les ombres des sentiments ou des pensées futures dont la complexité formera, au cours de l'âge, tout l'intérêt plastique ou moral, cette merveilleuse harmonie, grâce à laquelle nous devenons les uns pour les autres des sources de mystérieuses et d'indéfinissables jouissances.

Messieurs, et vous surtout, Mesdames, vous aimez folle-
ment vos enfants, mais pourtant, permettez-moi de vous
le dire, la plupart du temps vous ne les aimez pas en
artistes, puisque rarement vous pouvez communiquer autour de vous l'admiration, l'enthousiasme que vous avez
pour eux. C'est que vous ne pouvez les aimer d'un amour
désintéressé. Vous ne faites pas, dans leurs qualités, dans
leurs caprices, la sélection, le choix qui préside à l'amour
artistique. Vous les aimez tout entiers, à pleins bras, à plein
cœur ; c'est très beau assurément ce geste de père, ce geste
de mère enlaçant de tout leur être, l'être qu'ils ont conçu ,
mais l'objet d'art ici, ce n'est pas l'enfant, c'est vous-mêmes :
c'est vous, parents, qui êtes beaux, divinement beaux, dans
cet amour éperdu : aussi le poète vous chantera, le sculpteur,
le peintre fixeront dans la matière ces élans infinis de votre
cœur et l'on aura les poèmes de la maternité, de la paternité,
parce qu'un poète ou un artiste aura su faire à votre endroit,
ce que vous étiez incapable de faire à l'égard de votre enfant ; il aura su choisir, dans tous vos sentiments, ce sentiment particulier, profond et sublime, dans vos diverses at-
titudes, ce mouvement unique et infiniment expressif de la
caresse qui traduit votre amour tout entier.

Eh bien, au xve siècle, l'enfant n'a rencontré, parmi ceux
qui ont bien voulu s'intéresser à lui que des affections
irréfléchies, c'est-à-dire des affections superficielles, ou bien
encore l'amour aveugle et sans discernement de la mère.

Aussi ne soyez pas surpris, Mesdames et Messieurs, si
l'enfant est presque totalement absent de l'art ou de la littérature du xve siècle.

Ni dans Christine de Pisan, ni dans Charles d'Orléans,
ni dans les sculptures de nos cathédrales on ne rencontre
presque jamais l'enfant traité pour lui-même.

Seul Villon, dans son testament de pauvre gueux qui a
échappé trois fois à la hart, songe parfois aux fils faméliques
de « quelque gente saulcissière », mère par hasard de trois

petits malheureux : Colin Laurens, Girard Gossoyn et Jean
Marceau, « des prins de biens et de parens », et leur lègue
en mourant la meilleure part de son bien : Il y a quelque
chose de naïvement triste dans ces vers ; écoutez-les.

> Item je laisse et m pitié,
> A trois petits enfants tous nuds...
> Pauvres orphelins impourveus
> Tous deschaussés tous dépourvus
> Et desnués comme le ver
> *N'ayant vaillant* l'anse d'un seau.
> Chacun de mes biens un faisceau
> Ou quatre blancs, si l'ayment mieux.
> Ils mangeront le bon morceau
> Ces enfants, quand je serai vieux. »

Ici, M. Lafontaine passe en revue quelques-unes des
vieilles *ballades* et des vieilles *chansons* du xvᵉ siècle, mais
nulle part, ni au *Théâtre*, ni dans la *Nouvelle*, l'enfant
n'est interprété comme objet d'art littéraire proprement dit ;
puis le conférencier continue :

« Il faut attendre les horreurs des guerres de religion et
les massacres horribles où les égorgeurs ne respectent ni
le sexe ni la faiblesse des victimes, pour recueillir la première explosion de poésie infantile ; et c'est sous la plume
d'un Huguenot fanatique, d'Agrippa d'Aubigné, qu'on la
rencontre tout d'abord. Dans des vers d'un sentiment très
délicat pour l'époque, l'auteur des *Tragiques* compare ces
pauvres enfants impitoyablement égorgés à des fleurs que,
sur le chemin du temps, l'Eglise de Dieu s'amuse à cueil-
lir pour l'éternité.

> On ne vous lairra pas, simples de si grand prix,
> Sans vous voir et flairer au céleste pourpris ;
> Une rose d'automne est plus qu'une autre exquise :
> Vous avez esjoui l'automne de l'Eglise.

Mais là encore l'enfant ne fait qu'une apparition fugitive ;
c'est bien plus pour les qualités civiles dont il fait preuve
que pour sa grâce même qu'on le chante ; les enfants sont

beaux surtout par ce qu'ils promettent dans l'avenir, parce
qu'ils succombent avec la même énergie que ces vieillards

> Tout chenus d'ans et de sainteté
> Qui mouraient blancs de la tête et de la piété.

Par contre on néglige tous ces charmes de détail pourtant
si parfaitement en rapport avec l'art maniéré des joailliers,
des orfèvres, des enlumineurs de cette époque et dont l'enfant semble toujours un écrin vivant. Les peintres ignorent
ces cheveux blonds dorés, ces teintes ivoirines, ces mains
de pâleur mate, l'élégance délicate des doigts fins. Il semble
qu'il n'y a point pour eux de sujets picturaux ou plastiques
dans ces chairs veloutées.

> Blanches comme le clair de lune
> Sur les glaciers dans les cieux froids.

Devant leurs fillettes de douze ans, dont la silhouette
frêle et légère se dessinerait pourtant si bien dans les
flammes de leurs vitraux, ils ne s'enquièrent point comme
le fera plus tard un Théophile Gauthier :

> De quel mica de neige vierge
> De quelle moelle de sureau
> De quelle hostie ou de quel cierge
> On a fait le blanc de leur peau.

Mais, Mesdames et messieurs, il y a quelque chose de
bien plus étrange. Dans ce xv⁰ siècle, à cette époque où le
christianisme n'est plus simplement une doctrine qu'on
médite et qu'on aime, mais une passion profonde fanatique, maladive, superstitieuse...., il n'est venu, en effet, à
l'esprit de personne que cette religion si intense qui, bien
ou mal comprise, inspirait tout, l'éloquence et la politique,
le droit et la médecine, l'art et la littérature, était précisément la religion de celui qui avait dit : « Laissez venir à moi
les petits enfants » ; qui lui-même avait été le *divin enfant*,
le céleste *bambino* caressé de toutes façons dans les fres-

ques vénitiennes ou florentines du xive siècle, dans les esquisses d'un Giovanni Santi ou les ébauches d'un Raphaël.

En France, quand on représente l'Enfant-Dieu, dans les verrières polychromées des cathédrales, c'est sous l'aspect d'un être chétif, étriqué, miséreux, qui d'un geste gauche et timide bénit les Mages ou les bergers. Il semble que cet enfant, jadis si frais, si potelé, ne soit plus qu'une plainte angoissée, figée dans les tonalités langoureuses des vitraux, un fruit tardif et mal venu de l'art pictural.

Et sa mère — car mesdames et messieurs on ne peut séparer l'enfant de la mère — la mère du divin enfant, elle aussi, s'est assombrie, s'est endolorie dans les voussures enchevetrées des tympans, et dans les roses aux lumières sanglantes des portiques.

Dans l'art du xiie et du xiiie siècles, Marie est traitée surtout en reine puissante et souveraine. C'est la vierge des théologiens, majestueuse comme un dogme, la vierge des Chartres, Notre-Dame de la Belle-Verrière que tous vous connaissez. Au xive siècle elle s'humanise un peu, elle se rapproche davantage de nous, elle devient, par exemple, la vierge familière et charmante du Portail Nord de Notre-Dame de Paris, c la vierge dorée d'Amiens, cette svelte jeune fille qui porte gracieusement l'enfant et s'entretient avec lui dans un rayonnement de bonheur et de sourire. Quelques années plus tard ce groupe de la Vierge et de l'Enfant n'aura plus rien que de délicieusement intime, et l'on aura la vierge du Musée de Cluny (1350), où l'on voit l'enfant Jésus, joyeux petit bourguignon aux oreilles écartées, jouer avec l'anneau de fiançailles de sa mère.

Et voilà qu'au début du xve siècle, cette jeune femme qui semblait puiser dans le regard de son fils, comme à une sorte de jeunesse immortelle, tout à coup s'assombrit, devient la *mater dolorosa*, la vierge vieillie avant l'heure qui pleure sur le front ensanglanté de son fils vieilli lui-même, horriblement mutilé et n'ayant plus forme humaine.

C'est que, Mesdames et Messieurs, le xv⁰ siècle fut peut-être lui-même, de tous les siècles de notre histoire, l'époque la plus symbolique de la douleur pour nos ancêtres. Rappelez-vous la guerre de Cent Ans, Crécy, Poitiers, Azincourt ; rappelez-vous les horreurs des grandes Compagnies, les débauches ruineuses des Valois, les turpitudes d'Isabeau de Bavière, les extravagances du pauvre Fol, le roi bien-aimé, Charles VI.

Le xv⁰ siècle est vraiment une agonie, l'agonie de la France chevaleresque et féodale, l'agonie de l'art, de la littérature, de la politique dont ont vécu, pendant plus de huit cents ans les francs sauvages, nos ancêtres, domestiqués et poétisés dans leurs croyances et dans leur sentiment, par la pure doctrine de l'Evangile.

*
* *

Puisque l'enfant n'apparait pas ou presque pas dans l'art, voyons-le dans la *réalité*.

Toute la réalité pour l'enfant du xv⁰ siècle, c'est le dur labeur des champs ou bien c'est *l'école*.

Dans la famille il s'élève tant bien que mal suivant la fortune du logis, roulé dans son berceau de bois par la mère qui file ou carde la laine, — car au xv⁰ siècle les reines parfois filaient encore.

Souvent les nourrices, comme aujourd'hui, sont les *remplaçantes* de la mère, et quelquefois aussi, comme aujourd'hui les meurtrières de l'enfant. Les maladies orientales n'ont pas encore vicié le sang français, puisque, s'il faut se fier à l histoire, nous serions redevables de ce terrible fléau au plus galant de nos rois, François Iᵉʳ, qui d'ailleurs, en France, en fut la première victime. Mais les nourrices d'alors ont la passion du *vin*, elles boivent large et fort, et font boire leurs nourrissons pour les mettre en gaieté. Les choses vont si loin qu'un jour, en 1409, le Chancelier de

Paris, alors curé de l'église de Saint-Jean en Grève dénonce le mal du haut de la chaire et demande aux autorités publiques d'intervenir.

D'ailleurs l'alcoolisme est le moindre des fléaux qui tombent sur l'enfance, à cette époque où le souci de l'hygiène la plus rudimentaire n'entre nullement dans la préoccupation des parents.

Lisez par curiosité ce modèle d'éducation à l'usage d'un gentilhomme de grand renom :

« Depuis trois ans jusqu'à cinq ans il fut nourri et institué en toute discipline convenante, par le commandement de son père. Toujours il se vaultrait par les fanges, se mascarait le nez, se chauffourait le visage, acculait ses souliers ; baislait aux mouches et courait volontiers souvent après les parpaillons dont son père tenait l'empire : il patrouillait partout, buvait en sa pantoufle, aiguisait ses dents d'un sabot, lavait ses mains de potage, se couvrait d'un sac mouillé, buvait en mangeant sa soupe, etc... » et le portrait continue.

Vous me direz c'est de la caricature ! eh bien ! je ne sais pas..., d'ailleurs j'ai enlevé assez de traits grimaçant dans l'original ! et vous pouvez, à la rigueur, prendre cette charge comme une copie assez fidèle de la réalité. Mon Dieu, après tout, la franche nature est quelquefois une bonne mère : nos enfants jouflus des campagnes grandissent forts et vigoureux en dépit de tout, quelquefois même de leurs parents. Oui, mais cependant, pour ces quelques brins drus et solides d'adolescents, il y a tant de résidus, tant de mortalité.

Savez-vous qu'il y a 10 ans, sur 4 enfants qui naissaient en Basse Normandie ou en Bretagne, un seul arrivait à l'âge de cinq ans ? Qu'était-ce donc alors de ces pauvres petits qui erraient là-bas, à l'Est du vieux Paris, dans les ruelles tortueuses et infectes de ce Marais toujours si profond et si mystérieux.

De l'église Saint-Jean en Grève à l'église Saint-Jacques :

des ruines du Temple à la place Maubert; à travers la rue des *Peaussiers*, la rue *Trousse-Vache*, les méandres inextricables des voies obscures, puantes des détritus amoncelés par une population d'une densité inimaginable, au milieu des déchets des gras des bouchers et des abattoirs de la Cité, s'agitait hâve, livide, la faim aux dents, une nuée de pauvres petits êtres, à demi vêtus, avec leur surcotte déchiquetée, leurs housseaux en loques, fouillant les ruisseaux pour une sordide nourriture que souvent ils ne trouvaient pas ou qu'ils disputaient aux chiens et aux rats des gouttières.

Mesdames et Messieurs, ce n'est pas un effort de réalisme à la mode que j'essaie d'étaler devant vos yeux, c'est de l'histoire vécue par cette plèbe de Paris toujours si intéressante dans sa misère et dans son abandon.

Je voudrais avoir le temps de mettre sous vos yeux les doléances lamentables des clercs de cette époque. Certes ils n'avaient pas l'âme sensible cependant! Célibataires régides, ennemis irréconciliables de la chair, ils ne prodiguèrent pas leurs attendrissements pour le plaisir de montrer leur bon cœur comme au dire de Labruyère, d'autres rient pour faire voir leurs belles dents. Eh bien, leurs volumineux in-folios sont pleins des cris d'angoisses de la jeunesse; et à côté des formules syllogistiques, on entend parfois les sanglots de l'enfant qui pleure assistance et pitié — Ouvrez le fougueux Clémengis, D'Ailly, Gerson, Courtecuisse, Æneas Sylvius, le futur pape Pie II ; partout vous constaterez les mêmes désordres affreux, hélas! et aussi partout l'insuffisance des remèdes.

On dit beaucoup de mal de notre siècle; pourtant si vous saviez que nous sommes bons en comparaison de ce que nous avons été. Mesdames, on vous chante peut-être moins que les Paladins de jadis, mais comme votre sourire est bien plus miséricordieux, bien plus chargé de tendresses, s'il l'est moins de vanité ou de suffisance. Restons bons. Mesdames et Messieurs, la bonté ce n'est pas anglo-saxon, mais c'est bien français, c'est une fleur qu'on ne cueille ni à Berlin, ni à Londres, mais qui, de nos jours, emparfume encore délicieusement Paris. Ne cherchons point à redévenir forts, devenons toujours et simplement meilleurs.

.·.

Puisque la rue est si noire entrons à l'Ecole.

D'abord constatons une chose : c'est qu'il y avait des Ecoles au xvᵉ siècle!

Nous ne sommes pas de ces hommes nouveaux, qui croient seuls « avoir trouvé la pie aù nid », comme on disait alors, et qui, de leurs joues gonflées de la gloire municipale et de leurs gosiers timbrés de littérature laïque, proclament que rien n'était avant 89, semblable à l'oie de Montaigne qui, parait-il, jugeait, dans sa petite tête, que l'Univers était né le matin de son baptême. Nous croyons que le monde est le monde et, comme le dit l'Ecclésiaste, que le nombre des sots est infini en tout temps ; or, Mes-dames et Messieurs, il y en avait cependant peut-être un peu moins, dans ce malheureux xvᵉ siècle, qu'il n'y en a sous notre troisième République, ou, tout au moins, les sots d'alors étaient-ils plus modestes.

En 1400, Paris comptait environ 220.000 habitants sur lesquels 30.000 et, suivant d'autres, 40.000 écholiers libres, c'est-à-dire écoliers adonnés à ce qu'on appelle l'enseigne-ment secondaire ou à l'enseignement supérieur, si bien que, nous raconte un chroniqueur du temps, le jour de la foire du Lendit, qui se tenait à Saint-Denys et où maistres et élèves de l'Université allaient acheter le parchemin pour l'année, l'immense théorie des clercs se déroulait sur près de sept lieues, c'est-à-dire 28 kilomètres de long.

Et parmi ces étudiants, chevaliers désintéressés de la

Science, je ne compte ni les élèves des Maîtrises, ni les élèves des Ecoles presbytérales ou épiscopales, qui recevaient
par toute la France, de maitres spéciaux, l'enseignement
primaire, c'est-à-dire la science de la Lecture, de l'Écriture,
du Chant et du Calcul. A Paris, en dehors des professeurs
de l'Université, il y avait pour les enfants du peuple, dès l'an
1380, 44 écoles de garçons et 22 écoles de filles ; bien qu'au
xve siècle, il faut compter plus de cent écoles primaires.

Et pourtant, on n'avait alors ni les chemins de fer, ni livres
imprimés, ni le ministre de l'Instruction publique, ni les quelques milliards des lycées et collèges ; néanmoins l'enseignement était *non fictivement*, mais *absolument* gratuit : l'élève
ne payait pas un sou pour être instruit et le Docteur ne
recevait pas un denier pour son enseignement. La science
n'avait absolument pas de prix. Précisément, dans ce même
xve siècle, le recteur de l'Université, Pierre Blanchard, comme qui dirait aujourd'hui le Doyen de l'Université de Paris,
trouvant qu'il mourait de faim, s'avisa d'imposer, de quelques sous, les candidats à la licence ; ce fut une indignation
générale : il fut dénoncé à Rome par le cardinal de Cambrai,
Pierre D'Ailly, et condamné comme hérétique et simonia-
que. Jésus-Christ avait dit à l'Eglise : Allez et enseignez ;
l'Eglise enseignait, et elle eût pensé faire un sacrilège en
vendant la vérité.

C'est qu'en effet, il faut bien s'entendre sur ce sens d'Université au moyen-âge. L'Université n'était point comme aujourd'hui, une corporation fermée, un rouage d'Etat, une
institution politique, plus ou moins, sinon *contre la nation*,
au moins *à côté de la nation*, instrument plutôt vieillot de
despotisme, dans une politique de liberté ; l'Université au
xve siècle, *universitas studiorum*, n'était tout simplement,
comme le mot l'indique, autre chose que l'ensemble, que
l'universalité des Collèges, des maitres et des écholiers,
comme qui dirait aujourd'hui les maisons de l'Enseignement libre et de l'Université réunies.

Tout le monde pouvait y enseigner pourvu qu'on eût ses grades, c'est-à-dire pourvu qu'on fût licencié ou docteur; bien entendu, les gens d'Eglise y affluaient, parce que les professeurs n'étaient pas payés, et aussi, parce qu'il fallait être célibataire pour être professeur.

Cette dernière condition nous paraît aujourd'hui plutôt bizarre; eh bien, nos ancêtres se faisaient un petit raisonnement qu'il est, je crois, assez facile de comprendre; le voici : « Quand on est père, se disaient-ils, on en a généralement assez de sa petite famille... on n'a donc guère ni le désir ni le loisir de se charger des enfants d'autrui. »

Je vous laisse à même de juger ce petit problème. En tout cas, ce fut un véritable scandale lorsque, dans ce xv⁰ siècle, pour la première fois, le roi autorisa un professeur de médecine à se marier.

Dans ce corps enseignant clérical, il y avait pourtant deux partis rivaux et sans cesse en lutte : le parti des prêtres séculiers et le parti des moines.— Les moines (Augustins, Dominicains, Franciscains) tolérés dans l'église active comme auxiliaires du clergé, empiétaient peu à peu sur le clergé séculier; celui-ci se défendait, et même il arriva, en 1403, que le Chancelier de l'Université, le doux Gerson, ferma les portes des collèges aux ordres mendiants; bientôt, d'ailleurs, il les rouvrit, parce que, en fin de compte, clergé régulier et clergé séculier, c'est-à-dire moines et prêtres, avaient besoin les uns des autres et concouraient à la même œuvre.

L'enseignement était divisé en quatre facultés ou quatre groupes d'études : Faculté des Arts (enseignement secondaire), Facultés de Théologie, de Droit et de Médecine, cette dernière de création relativement récente.

Après avoir exposé sommairement les sujets et les méthodes de l'enseignement scolastique, M. Lafontaine continue:

«Je n'insisterai pas sur le détail des études. On a reproché beaucoup, et à juste raison, à l'enseignement scolastique.

et surtout à l'enseignement du xv⁰ siècle, d'avoir trop chargé la mémoire des enfants de formules, de vers ineptes, de citations creuses. Eduquer un enfant n'est pas farcir l'esprit de mots, de phrases ; ce n'est pas verser dans ces petits cerveaux, comme dans des outres élastiques, les scories grammaticales, logiques ou poétiques, d'un monde qui n'est plus ; c'est faire l'éveil dans les âmes, les solliciter à la lumière, à la réflexion. Oh ! Mesdames et Messieurs, si vous voyiez, comme nous, les grimoires que, dans tel ou tel collège, on donne encore à des enfants de 12 ans, sous le nom de grammaires grecque ou latine, vous seriez épouvantés. Vous demanderiez qu'on vous montrât le pédant quinteux, sec et rassotté, qui a bien pu cultiver dans sa tête parcheminée de telles inepties ; assurément vous verriez déjà quelque Janotus rablaisien, l'affreux pédagogue que l'on sculptait en gargouilles aux gouttières des cathédrales ; eh bien ! non, le grammairien moderne est désormais, le jeune agrégé de 30 ans, aux ongles soignés, à la barbe impeccable ; et, c'est de cette bouche très cultivée que nos pauvres enfants apprennent que jadis de 430 à 350 avant J.-C., il y eut dix-neuf déclinaisons de *polis*, que c'est une hérésie d'écrire *Virgile*, qu'il faut dire Vergile, etc..

Avouons que les hommes changent moins qu'ils n'en ont l'air.

Cependant ce qui a changé ce sont les *classes*. Le collège d'aujourd'hui reste toujours la caserne, la remise où les parents se débarrassent, pendant leur jeunesse, du souci d'avoir des enfants ; mais les casernes sont grandes, aérées et propres ; on en a à peu près pour son argent.

Autrefois, l'école était un bouge. Entrons, si vous le voulez, à la suite d'un Breughel ou d'un Marot, dans quelques-unes de ces « officines de sapience ».

Le maître préside, du haut d'un escabot ou d'une estrade, tout autour de lui, dans la salle basse et suintant l'humidité, des adolescents de 6 à 15 ans accroupis sur la terre nue, en été, sur la paille, en hiver, — car il ne faut pas que le disciple s'élève au-dessus du maître — déroulent leurs parchemins et écrivent autant que leur permet l'agilité de leur poignet, l'enseignement qui tombe en *latin* de si doctes lèvres. Je dis en *latin*, car toute autre langue est bannie de l'école, — les domestiques eux-mêmes, les *povres cuistres*, doivent parler latin. — Assurément, Cicéron eût eu de la peine à reconnaître sa langue, dans un échantillon de ce genre, échantillon authentique : *Noli crachare super me. — Ego bene transiho me de te. — Semper hic scolaris lichat suos digitos quando prandet aut cœnat.*

Revenons à notre salle d'études.

Pendant que les laborieux ou les craintifs travaillent, les autres se lutinent, tirent la langue dans le dos du maître ; dans un angle, les housseaux baillent lamentablement et déversent une atmosphère piquante qui, se mêlant à la fumée de la résine ou des chandelles, l'odeur des aliments qui fermentent dans les sacs, monte à la gorge et fait rougir les yeux. Les pauvres enfants sentent leur tête s'appesantir ; le désespoir leur monte au cœur..., et ils sont là depuis 5 heures du matin, été comme hiver, grands et petits, et ils y viendront trois ou quatre fois dans la journée, sans qu'on ouvre les fenêtres, car il n'y en a pas, ou, s'il y en a, elles sont hermétiquement closes de parchemin.

Voici l'horaire d'un des collèges les plus renommés du XVe siècle, le collège de Montaigu, fondé en 1388 et démoli il y a seulement une cinquantaine d'années : il se trouvait sur la place du Panthéon, à l'endroit où débouchait la rue des *Sept-Voies :*

Lever, 4 h. ; 5 à 6 h., leçon ; 6 h., messe et premier repas composé d'un petit pain sec ; de 7 à 8, récréation ; de 8 à 10, leçon ; 10 à 11, argumentation ; 11, dîner pendant lequel on lit la Bible ; midi à 2 h., revision des leçons ; 2 à 3, récréation ; 3 à 5, leçon ; 5 à 6, argumentation ; 6, souper ; à 6 h. 1/2, examen du travail de la journée ; 7 h. 1/2, complies ; 8, en hiver, 9, en été, *coucher*. Voilà, j'espère, une journée bien remplie.

Je viens de vous dépeindre, Mesdames et Messieurs, une salle des *écholiers* libres, c'est-à-dire des *écholiers* considérés, officiellement reconnus, — la salle d'école de la rue du Fouarre, par exemple, près de la place Maubert, ainsi nommée à cause des marchands de PAILLE ou *feurre* qui y logeaient et où les écoliers allaient acheter leur litière pour assister aux cours. — Vous tâcherez de vous représenter ce qu'étaient les bouges des pédagogues laissés à leur initiative, qui, comme un certain Du Roudre, de la rue des *Blancs-Manteaux*, pour 5 sols parisis l'an, « enseignaient aux garçons et pucelles tant nobles que roturiers la grammaire, la rhétorique, la philosophie, les mathématiques, la théologie, la médecine, l'alchimie, le blason, les principes hébraïques, le droit canon et toutes sortes d'arts mécaniques, industrieux, et très mirifiques tant pour cette vie que pour l'autre. »

Cependant il y avait une chose commune à toutes les Ecoles, à celles de la Montagne-Sainte-Geneviève comme à celles du Marais ; c'était l'usage de la VERGE. Car on fouettait ferme dans nos bons collèges du temps jadis, et chose vraiment vexatoire, si l'enseignement était gratuit, les châtiments ne l'étaient pas ; il fallait que chaque élève apporte au pédant le contingent des férules qu'il devait user pendant l'année scolaire.

La loi divine le commande,

chantaient les pauvres petits, en venant, à la queue leu-leu déposer aux pieds du magister les brindilles de bouleau ou de coudrier,

> La loi divine le commande
> Et vous aussi nos bons parents.
> Nous venons donc en pénitents
> Nous-mêmes vous porter l'offrande
> De ces utiles instruments !

Et l'on cognait ferme et à nu. Erasme, dans ses *Colloques,* nous peint l'embarras d'un élève, cité à comparaître devant le régent. « J'en perds la tête ! dit le pauvre enfant ». *Non agitur de capite...* il ne s'agit pas de la tête !... lui répond malicieusement un camarade.

Tout le monde fouette, régents, pédagogues et portiers ; ceux-ci surtout profitent de l'occasion pour se venger des tours de leurs hôtes : En 1475, Julien Pelletier, portier au collège de Navarre — le collège aristocratique de l'époque, il occupait l'emplacement de l'Ecole Polytechnique — Julien Pelletier donc, frappa si durement l'écolier Denis Lebègue, « qu'à le voir, disent les registres du Parlement du 25 janvier 1476, il faisait horreur ! » L'enfant en mourut et le portier dût payer sa victime 60 LIVRES. Ce n'était pas très cher, mais enfin il ne l'emporta pas en paradis.

Je voudrais bien vous parler maintenant de l'organisation intérieure des *Collèges,* c'est-à-dire de ces asiles où l'on n'enseignait pas, mais où l'écolier trouvait le vivre et le couvert, tels que le collège de Fortet, des Dix-huit, le collège de Montaigu ; mais le temps presse ; il eût été pourtant douloureusement intéressant de vous peindre la solide misère physique et morale de la plupart de ces *Auberges de l'Université.* Au collège des Dix-huit, pour toute la maison, le budget annuel était de 25 livres ; à Montaig, le collège des Haricots, comme on l'appelait, la misère était plus noire encore. Voici un extrait des menus journaliers des maîtres et élèves, des Capettes, comme on les appelait, conservé par Dubreuil dans ses *Fastes et antiquités de Paris* : « Il sera défendu à tous et chacun de boire vin et de manger chair, excepté les théologiens et prêtres d'avoir une pinte de vin à trois, composé de 3 demi-setiers de vin, et d'un demi-setier d'eau, à cause de leur âge viril et labeurs ardus...

« Pour la pitance, auront tous à l'entrée de table chacun la 30° partie d'une livre de beurre, de pommes de terre en potage de légumes (qui sont pois, fèves et autres semblables graines qui sont issues de terre), plus la moitié d'un hareng ou un œuf !

« Et pourtant on courait à Montaigu ! car nulle part, d'ailleurs, on ne travaillait avec autant d'ardeur et autant de succès. D'ailleurs, les autres collèges, la Sorbonne même, n'étaient guère mieux. Erasme même eut le courage de s'enfermer à Montaigu, et, ce qui l'en fit sortir, ce ne furent ni les rigueurs du régime, ni l'austérité des maîtres, ce fut une autre calamité répandue un peu partout, mais pestilentielle, dans cet endroit, ce que Rabelais appelle l'invasion des *esperviers* de Montaigu-la-Pouillerie, car, parait-il, « les *capètes* portaient *pous* et punaises sur leurs habits, comme espervier sur le poing. »

Sortons de ces taudis infects, et voyons un peu l'*écholier* dans la rue, ou plutôt dans son fief, car il a un fief qui est bien à lui, c'est le *Pré aux Clercs*.

Le *Pré aux Clercs* était une longue bande de pelouses et de jardins qui s'étendait, le long de la Seine, depuis l'Abbaye de Saint-Germain-des-Prés jusqu'à l'Esplanade des Invalides. Chaque *Nation* y avait son quartier, ses rendez-vous, ses guinguettes privilégiées et aussi ses emplacements de jeux.

C'est un spectacle vraiment pittoresque que de voir, chaque samedi, dans la soirée, accourir en groupes bruyants et pressés l'armée immense des *écholiers*, se hâtant d'oublier, dans quelques heures de repos ou de beuverie, les fatigues de la semaine.

Là, c'étaient les *Anglais*, avec leurs tuniques malpropres, leurs toques plates et le manteau tombant au-dessous des genoux en plis raides et sans grâce. On les regardait avec un certain mépris mêlé de colère, depuis Crécy et Poitiers.

Puis, c'étaient les *Normands*, avec leur Procureur Jean Courtecuisse : gens graves, laborieux, ils parlaient et gar•daient un air de dignité composé qui tranchaient sur le bavardage creux des *Français*, légers comme des clowns de cirque, dans leurs maillots collants, aux couleurs voyantes, drapés avec affétérie dans leurs toges soyeuses semées de fleurs, de griffons et d'arabesques. Ensuite, venaient les *Bretons* dont la versatilité, parait-il, était alors proverbiale ; les *Bourguignons* dodus, au masque épais, à l'œil stupide et tout rêveur de bestiale sentimentalité ; les *Lombards*, aux manières louches ; les *Italiens* aux gestes menaçants ; les *Flamands*, les *Brabançons* coquets et attifés comme des femmes.

Et tout ce peuple polychrome allait et venait, s'agitait en mouvements bizarres et désordonnés. A leur air impo-sant, à leur démarche syllogistique et gauchement solen-nelle, on reconnaissait aussitôt les *Theologiens*. Ils étaient les princes de la pensée et dominaient de leurs regards impassibles et de leurs sentences dogmatiques le petit peu-ple des *Artiens* effrayés de tant de majesté. Rarement ils s'abaissaient aux jeux de la foule ; leur passe-temps favori était le *jeu des sentences* ou les doctes propos.

Les étudiants en *Médecine* peu nombreux, mal vêtus, tramaient quelque aventure dans les coins retirés, près des maîtres en *Décrets* assis gravement à la porte des auberges. Les bourgeois qui s'aventuraient sur le quai de la Grenouillère ou dans la rue Taranne, regardaient ces groupes d'un œil fuyant et peu rassuré. On savait que si les jeunes *Mires* (médecins) ne trouvaient pas toujours la formule salutaire qui devait guérir, ils avaient mille re-cettes pour faire ouvrir prématurément les bourses et les testaments.

Pendant que les aînés devisent ou se lutinent dans les tripots, les jeunes s'organisent et commence la série si cu-rieuse des jeux en honneur au xv⁰ siècle. »

M. Lafontaine nous décrit alors tous les bons vieux divertissements français, d'une gaîté si saine et si franche, en nous faisant remarquer que la plupart des jeux modernes, aujourd'hui en honneur de l'autre côté de la Manche, sont des jeux français transportés en Angleterre. Ainsi, dès l'an 1400, on joue à la Roulée aux œufs, à la Choquette, Cerceau, à la Cannebière, à tirer la Jatte, à la Balle, à la Paume, au Ballon, à la Soule, à la Crécelle, au Moulinet, aux Barres, Jeux du Coq, au Papegay.

Puis vient l'heure du retour. On joue, alors, de bons tours aux bourgeois et aux moines, car l'étudiant français ne perd jamais son droit à la gaîté.

M. l'abbé Lafontaine achève cette intéressante reconstitution de la vie de l'écholier au XV⁰ siècle, en retraçant le portrait en pied de l'étudiant parisien d'alors, de l'incomparable Panurge. Il demande à Rabelais et aux chroniqueurs de l'époque de nous renseigner avec de copieux détails sur les bons tours que cet écolier, un peu indiscipliné, machinait toujours contre les sergents, contre les bourgeois et contre le guet.

Mais la place nous manque, pour reproduire ces longues descriptions.

Enfin M. Lafontaine évoque à la fin de sa Conférence la douce et sympathique figure de Gerson, l'*écholier* de Navarre, le grand Chancelier de l'Université, et le père des *écholiers* de Paris, celui qui travailla toute sa vie à rendre leur sort moins précaire et leur existence plus digne.

ŒUVRES DE PROTECTION DE L'ENFANCE

INDICATIONS UTILES

Si vous vous intéressez à un orphelin (garçon ou fille), âgé de 7 à 10 ans, recommandez-le à l'Œuvre de l'Adoption (secrétaire M. Leroy), 9, rue Casimir-Delavigne.

Si vous voulez soustraire à de mauvais traitements ou de mauvais exemples un enfant de parents indignes, adressez-vous à l'Union française pour le sauvetage de l'enfance (directeur M. Gayte), 108, rue Richelieu.

Pour les enfants en danger moral, adressez-vous à M. Rollet qui dirige le Patronage de l'Enfance et de l'Adolescence, 13, rue de l'Ancienne-Comédie.

Désirez-vous placer dans un établissement, jusqu'à sa majorité, une fillette de 12 à 15 ans ? Adressez-vous à l'Œuvre des enfants pauvres et des orphelins de Paris, 31, Quai Bourbon.

❧

Pour faire assister une pauvre mère ayant un enfant en bas-âge, vous avez le choix entre la Sociétéde
Charité maternelle (secrétaire Mme Estave-Raimbert)
3, rue de Marignan, la Société de l'allaitement maternel, (fondatrice Mme Becquet de Vienne), 45, rue de
Sèvres, et la Société protectrice de l'enfance, 5, rue de
Suresnes.

❧

Si vous voulez faire faire sa première communion
à un enfant de plus de 13 ans, tâchez d'obtenir son
admission à l'Etablissement des Frères de Saint-Vin-
cent-de-Paul, 40, rue de La Fontaine.

❧

Si vous vous intéressez à un jeune homme de 18 à
19 ans, orphelin ou abandonné, qui soit disposé à
contracter un engagement dans l'armée ou dans la
Marine, adressez-le à la Société de protection des engagés volontaires, présidée par M. Félix Voisin,
11 bis, rue de Milan.

❧

Pour obtenir le placement jusqu'à sa majorité
d'une petite fille de 8 à 12 ans, orpheline de mère,
vous pouvez vous adresser à l'Œuvre des enfants dé-
laissées, 33, rue Notre-Dame-des-Champs.

❧

S'il s'agit d'un garçon du même âge qui soit dans

une situation très digne d'intérêt, recommandez-le à la Société de amis de l'Enfance, 15, rue de Crillon.

❦

Pour faire protéger un enfant d'origine alsacienne, adressez-vous à la Société de protection des Alsaciens-Lorrains (secrétaire M. Penot), 9, rue de Provence.

❦

Pour les jeunes garçons orphelins, âgés de 13 à 15 ans, on a le choix entre la Société d'apprentissage des jeunes orphelins, 10, rue du Parc-Royal, et l'Association pour le placement en apprentissage et le patronage des orphelins, 37, rue de Turenne.

❦

Si vous vous intéressez à un enfant aveugle, recommandez-le à l'Association Valentin Haüy (secrétaire M. Maurice de la Sizeranne), 31, avenue de Breteuil.

❦

Si vous voulez placer un enfant infirme âgé de 5 à 12 ans, tâchez d'obtenir son admission à l'Asile des jeunes garçons incurables, 223, rue Lecourbe.

❦

Pour faire placer des enfants protestants, adressez-vous à Mme Henri Mallet, 49, rue de Lisbonne; s'il s'agit d'enfants israélites, signalez-les au Comité de bienfaisance israélite (M. Zadoc-Kahn, grand-rabbin), 17, rue Saint-Georges.

✳

Les petites filles âgées de moins de 13 ans qui se trouvent en état d'abandon ou de danger moral, peuvent être recommandées à l'Œuvre des petites préservées, 54, rue Violet; les filles plus âgées qui se trouvent dans les mêmes conditions, ou qui ont comparu en justice, sont protégées par l'Œuvre de la préservation et de la réhabilitation des jeunes filles de 15 à 25 ans (présidente Mme Aubert, 2, rue de Penthièvre).

✳

Si l'on veut faire placer des enfants pour lesquels il est possible de payer une pension mensuelle de 15 à 35 francs, on peut s'adresser, à l'office central des institutions charitables, 175, boulevard St-Germain, à l'Œuvre de St-Nicolas, 91, rue de Vaugirard, à la Société de protection pour l'enfance abandonnée ou coupable (président M. Georges Bonjean, 47, rue de Lille) au frère Dosithée, représentant à Paris de la Congrégation des Pères du Saint-Esprit, 30, rue de Lhomond.

Paris. — Imp. A. Malverge, 17), rue Saint-Denis

L'ENFANT

Organe mensuel du patronage de l'Enfance et de l'Adolescence
13, rue de l'Ancienne-Comédie

désirant servir de trait d'union entre toutes les Institutions charitables qui s'intéressent à l'Enfance, publie GRATUITEMENT les rap-
ports dont ces œuvres sollicitent l'insertion. Toutefois la direction
ne peut assurer à une œuvre plus de six colonnes du journal dans
un même numéro.

Adresser les demandes d'insertion à M. le directeur de l'*Enfant*,
32, avenue du Château, à Bellevue (S.-et-O!). Téléphone.

N.-B. — Toute œuvre qui a obtenu l'insertion gratuite d'une de ses communications dans un numéro de l'*Enfant*, reçoit gratuitement cinquante
exemplaires de ce numéro. Tous autres exemplaires lui sont offerts au prix
coûtant.